ENCYCLOPÉDIE INDUSTRIELLE
par M.-C. LECHALAS, Inspecteur général des Ponts et Chaussées en retraite

TRAITÉ
DES
ESSAIS DES MATÉRIAUX
DESTINÉS A LA CONSTRUCTION DES MACHINES

MÉTHODES, MACHINES, INSTRUMENTS DE MESURE

PAR

Le Professeur A. MARTENS
DIRECTEUR DU LABORATOIRE ROYAL D'ESSAIS DE BERLIN-CHARLOTTENBOURG

TRADUIT DE L'ALLEMAND, AVEC NOTES ET ANNEXES

PAR

PIERRE BREUIL
CHEF DE LA SECTION DES MÉTAUX DU LABORATOIRE D'ESSAIS
DU CONSERVATOIRE NATIONAL DES ARTS ET MÉTIERS
ANCIEN DIRECTEUR DU LABORATOIRE D'ESSAIS DE LA COMPAGNIE P.-L.-M.

ATLAS

PARIS
GAUTHIER-VILLARS, IMPRIMEUR-LIBRAIRE
DU BUREAU DES LONGITUDES, DE L'ÉCOLE POLYTECHNIQUE, ETC.
55, quai des Grands-Augustins

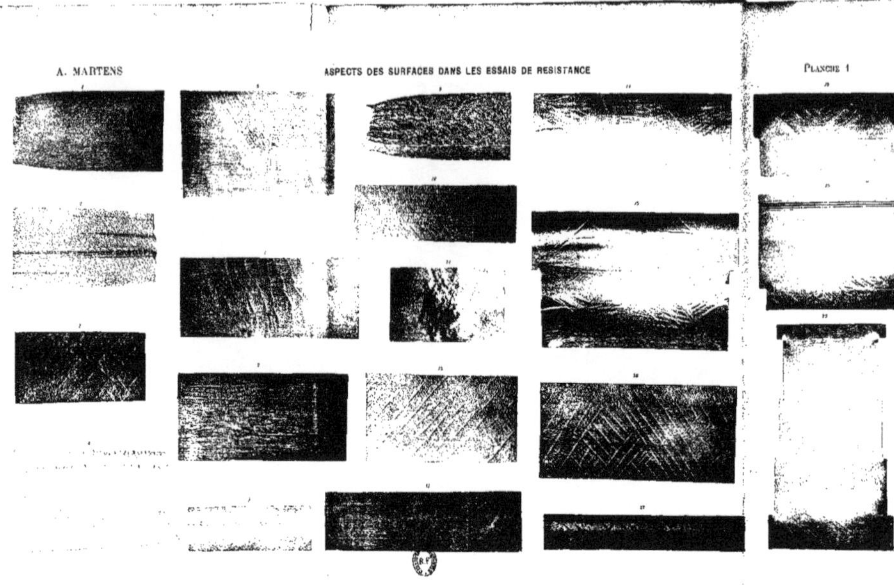
A. MARTENS
ASPECTS DES SURFACES DANS LES ESSAIS DE RESISTANCE
PLANCHE 1

ASPECTS DES CASSURES DANS LES ESSAIS DE RÉSISTANCE

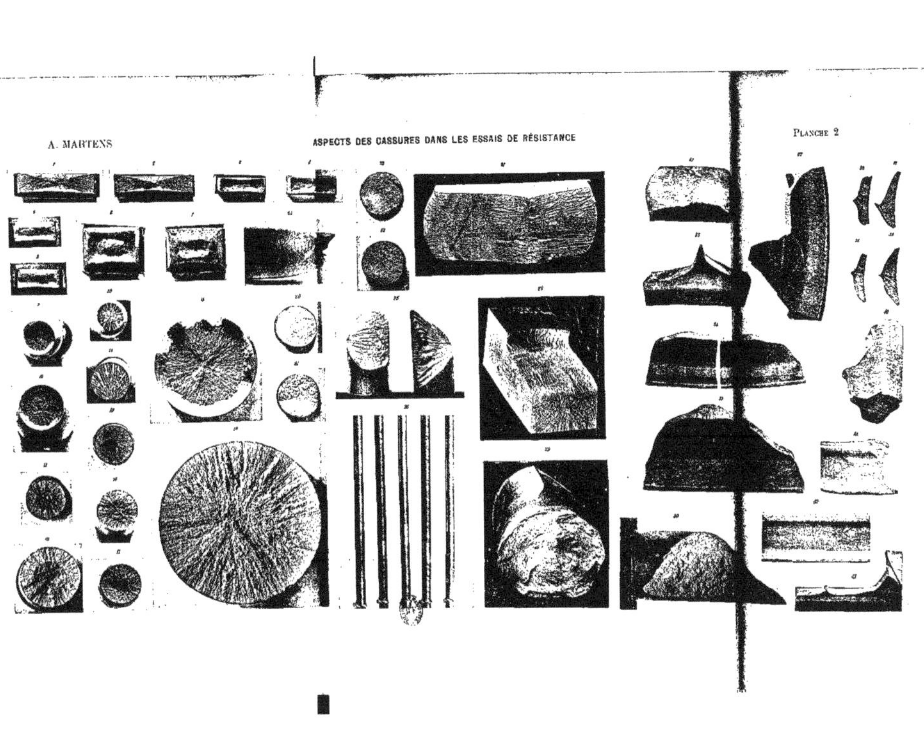

LÉGENDE DE LA PLANCHE 3

Texte : Art. 554, 573, 452, 483, 489, 495 et 497 (L. 239)

Figures **1-7**. — *Montage pour essais de traction avec barreaux ronds et plats :*

1-4. — Disposition et commande de l'appareil de mesure des efforts ; vue en plan, élévation et coupes longitudinales ; avec l'appareil à miroirs de Bauschinger.

5 et 6. — Coupes devant la balance de contrôle et par la balance principale.

7. — Elévation de la table de la lunette.

Figures **8-12**. — *Montage pour essais de flambage :*

8. — Coupe longitudinale
9-11. — Elévation
12. — Coupe devant le chariot de compression
} avec les instruments de mesure de précision de Bauschinger.

Figures **13-18**. — *Montage pour essais de compression :*

13-16. — Dispositifs d'amarrage.

17-18. — Montage de ces dispositifs dans la machine.

Figures **19-22**. — *Montage pour essais de cisaillement :*

19 et 20. — Disposition pour cisaillage double.

21 et 22. — Disposition pour cisaillage simple.

Figures **23-25**. — *Montage pour essais de flexion :*

23. — Vue en plan
24. — Coupe longitudinale
25. — Coupe devant le chariot de compression
} avec les appareils de mesure de Bauschinger.

Figures **26-30**. — *Montage pour essais de torsion :*

26 et 30. — Vue en plan avec les appareils de mesure de Bauschinger.

27. — Coupe par l'axe de l'éprouvette

28 et 29. — Elévation.

Figures **31-36**. — *Appareils de mesure de Bauschinger :*

31. — Montage de la lunette dans les essais de torsion.

32-34. — Appareils à miroirs pour essais de traction et de compression.

35 et 36. — Microscope pour essais de flambage.

ÉCHELLES DES FIGURES :

Figures 1-12 et 17-30 = 1 : 33.
Figures 13-16, 31, 35 *et* 36 = 1 : 16,7.
Figures 32 *et* 33 = 1 : 6,7.

A. MA

Planche 3

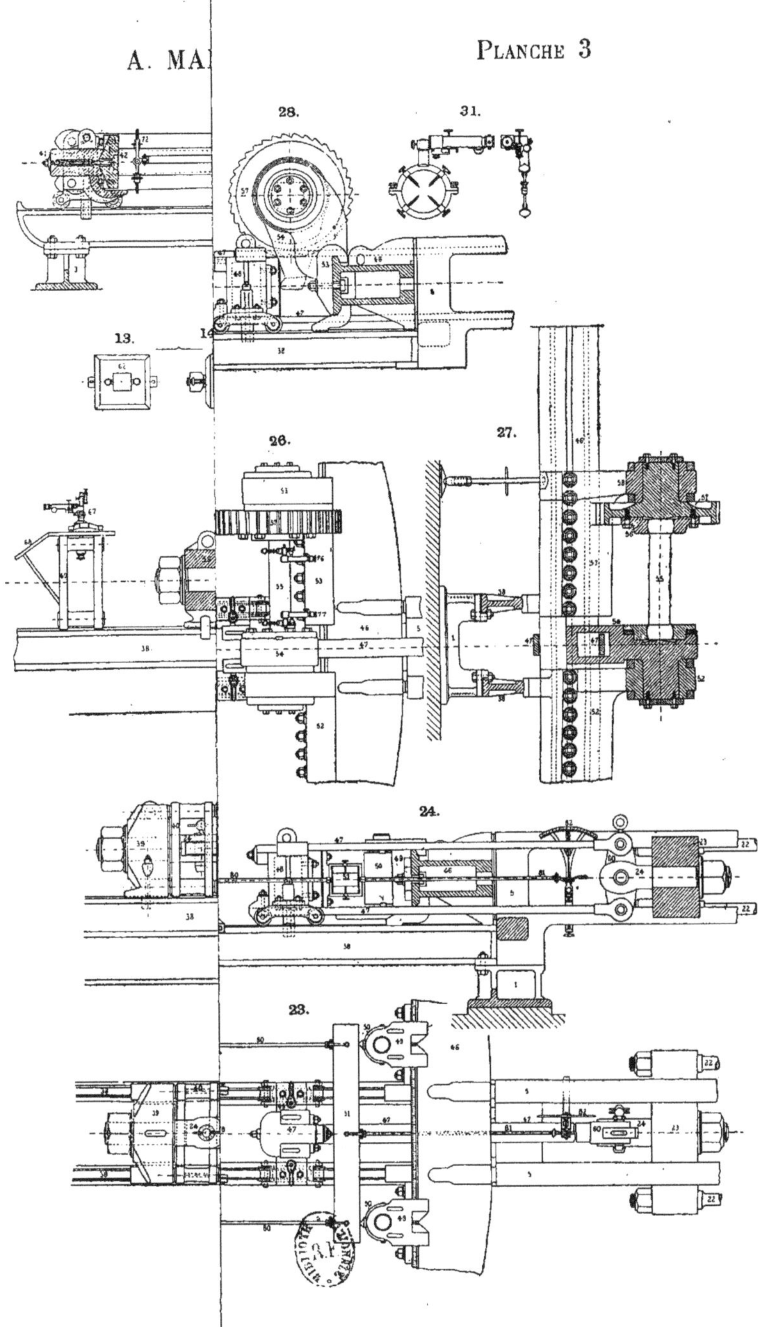

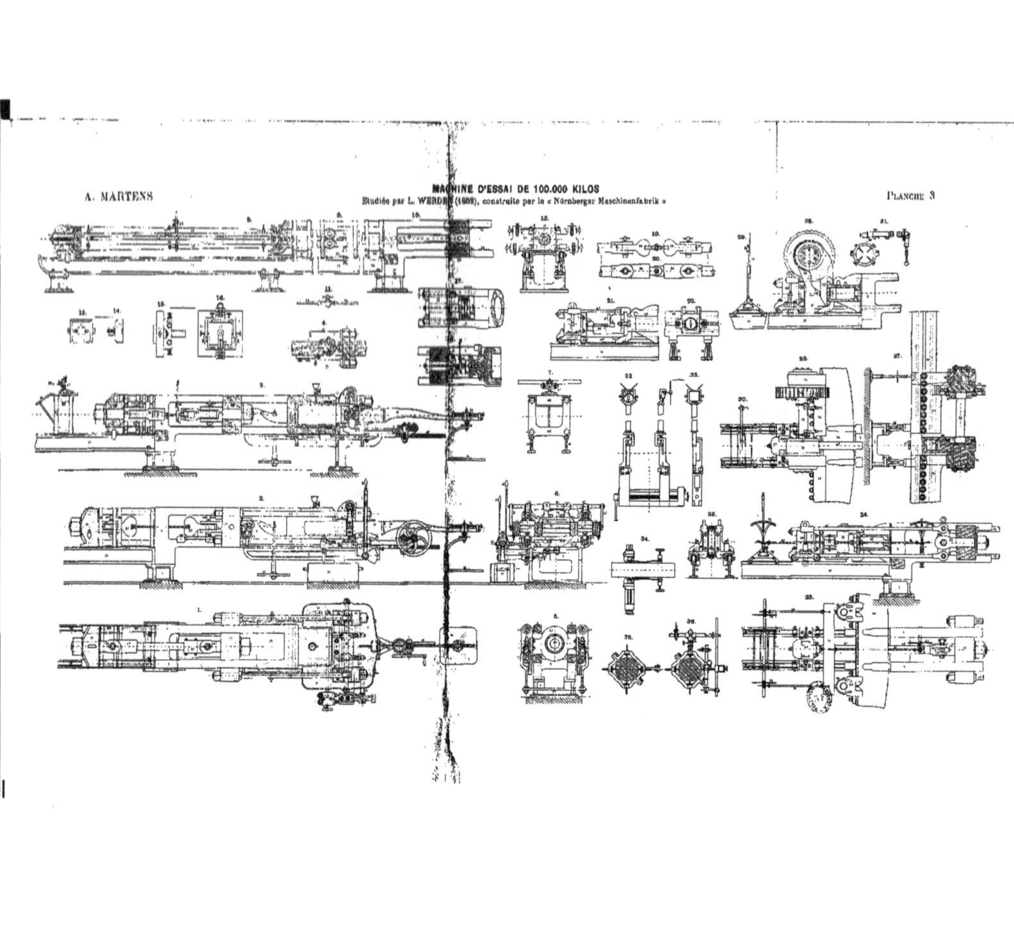
A. MARTENS
MACHINE D'ESSAI DE 100.000 KILOS
Étudiée par L. WERDER (1852), construite par la « Nürnberger Maschinenfabrik »
PLANCHE 3

LÉGENDE DE LA PLANCHE 4

Texte : Art. 565, 571

Figures **1-5**. — *Plan de l'installation et pont roulant de la machine de 100.000 kilos de la planche 3 :*

1 et 2. — Élévation et coupe longitudinale de la salle de la machine.

3-5. — Particularités du pont roulant.

Figures **6-15**. — *Machine de Werder de 50.000 kilos :*

6. — Vue en plan.

7. — Coupe longitudinale.

8. — Vue de la commande.

9. — Balance et distribution.

10-12. — Montage pour essais de compression.

13-15. — Montage pour essais de traction.

Figures **16-21**. — *Nouvelle disposition de la machine de 100.000 kilos pour essais de torsion :*

16 et 17. — Vues en plan.

18 — Elévation, commande.

19 et 20. — Coupes par l'axe de l'éprouvette et entre le levier et le chariot de compression.

21. — Vue de côté, levier et chariot de compression.

ÉCHELLES DES FIGURES :

Figures 1 et 2 = 1 : 101.
Figures 16-21 = 1 : 55.
Figures 3-15 = 1 : 33.

A. PLANCHE 4

18.

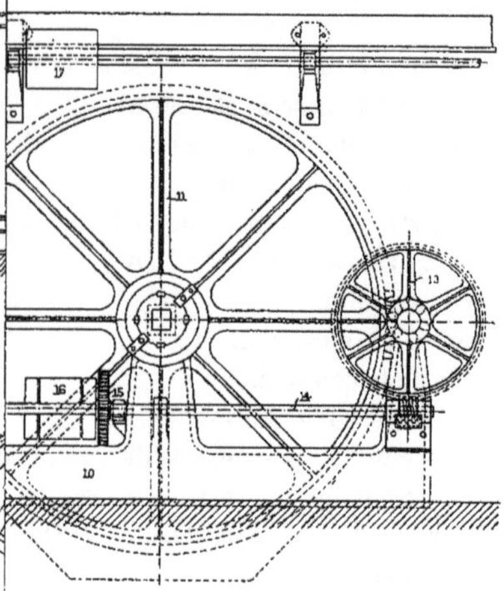

8.

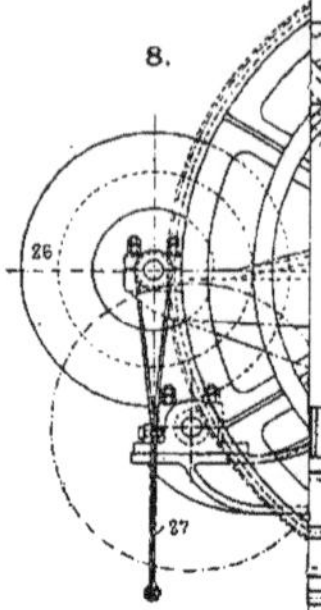

17.

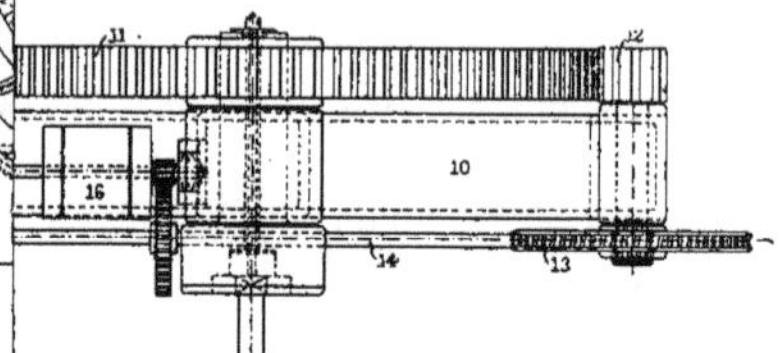

16.

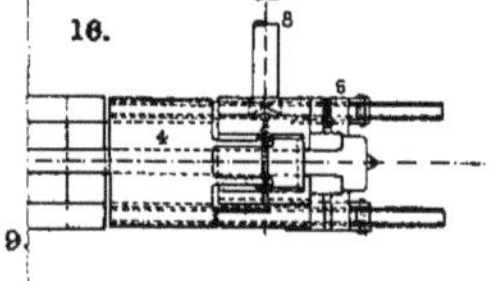

9.

21.

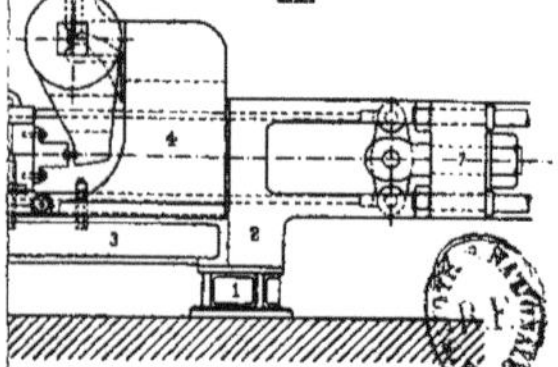

A. MARTENS

MACHINES D'ESSAIS

Etudiées par L. WERDER, construites par la « Nürnberger Maschinenfabrik »

PLANCHE 4

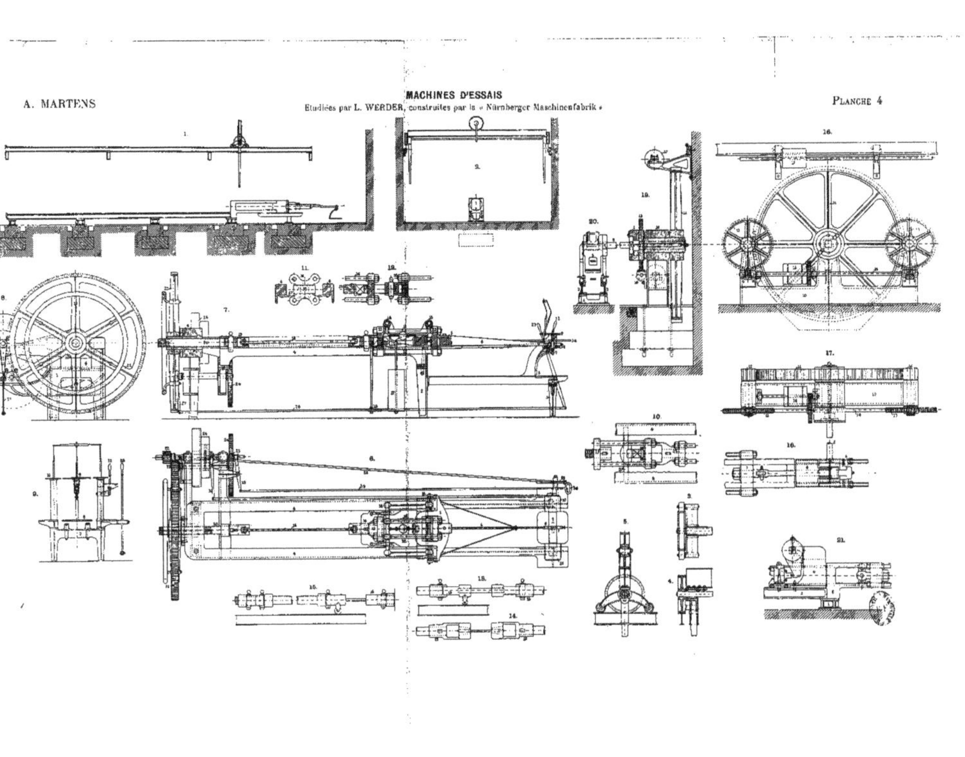

LÉGENDE DE LA PLANCHE 5

Texte : Art. 524, 530, 546, 566-573, 530 et 563, 5, 11, 13 (L. 113, 115 et 162)

Figures

1. — Coupe longitudinale par la machine.
2. — Section par la machine.
3. — Elévation de la machine.
4. — Séries de poids de contrôle } avec leur dispositif de mise en place.
5. — Poids additionnels. } avec leur dispositif de mise en place.
6. — Vue par en haut; montage du levier de la balance.
7. — Vue en plan et coupe longitudinale.
8 et 9. — Appareil à produire la pression et interrupteur de courant.
10. — Fixation du couteau du milieu.
11. — Montage des disques de charge.
12-17. — Dispositif d'amarrage.
18. — Four pour essais à haute température.

ECHELLES DES FIGURES :

Figures 1-7 et 14 = 1 : 22,5.
Figure 18 = 1 : 16,7.
Figures 8 et 9 = 1 : 14.
Figures 10, 11, 15 et 16 = 1 : 11,1.
Figures 12, 13 et 17 = 1 : 5,5.

PLANCHE 5

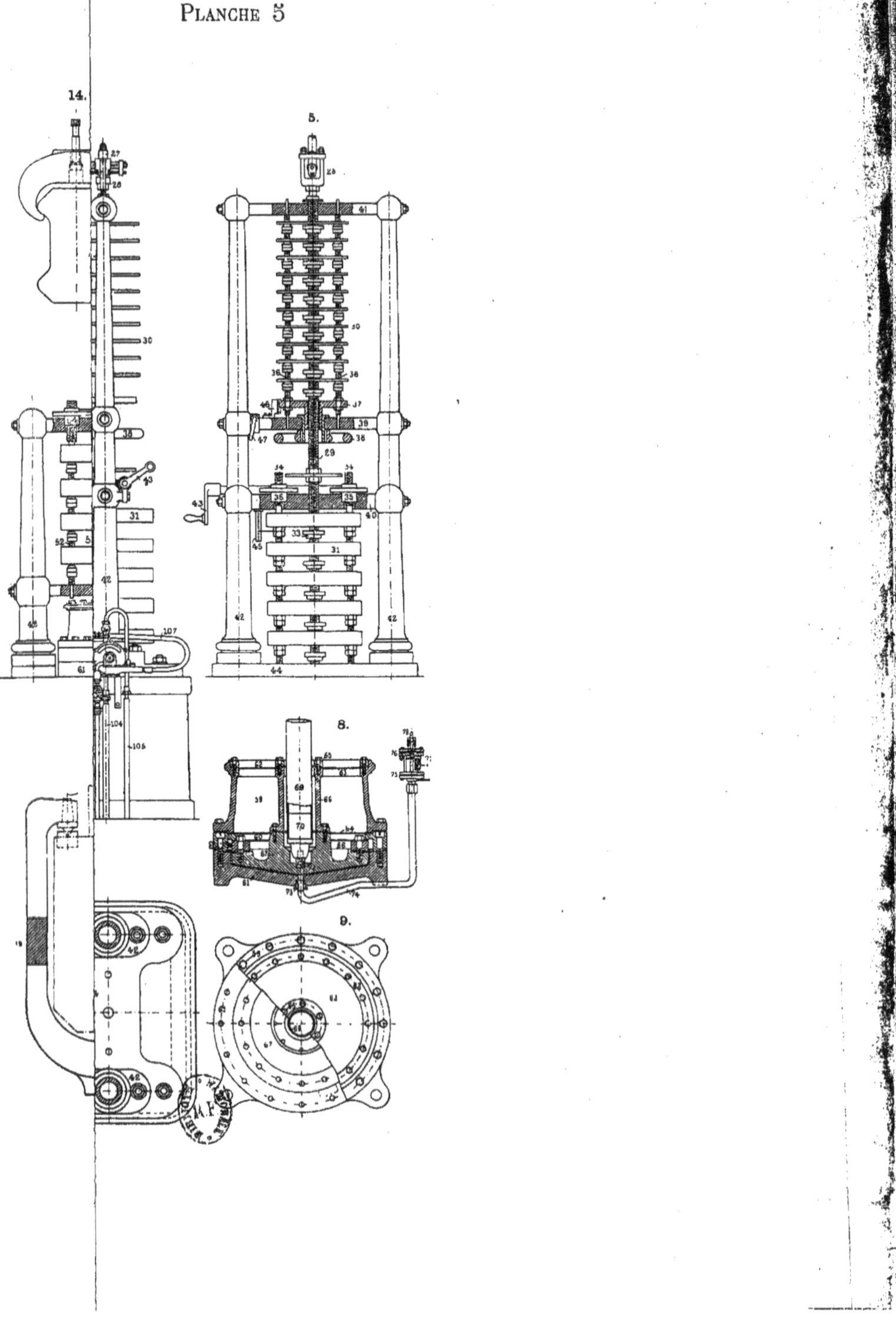

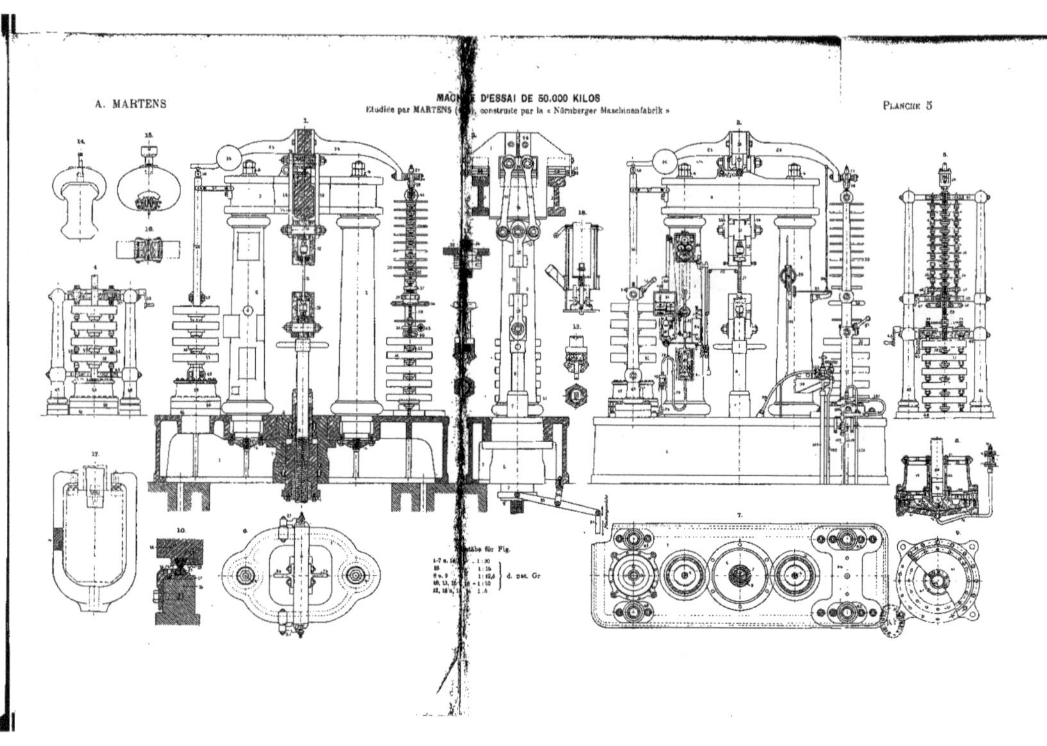
A. MARTENS
D'ESSAI DE 50.000 KILOS
Etudiée par MARTENS
construite par la « Nürnberger Maschinenfabrik »
PLANCHE 5

LÉGENDE DE LA PLANCHE 6

Cette planche représente une machine verticale de traction de 50.000 kilos, construite par la maison Mohr et Federhaff de Mannheim.

Figures **1.** — Elévation de la machine.
2. — Vue de côté.
3-4. — Transmission de commande avec plateau et galet de friction.
5. — Diagramme obtenu avec la machine.
6. — Appareil pour les essais de flexion.
7-10. — Appareil de réversion pour les essais de compression.
11 et 12. — Appareil pour les essais de cisaillage.
13-18. — Amarrages de barreaux à épaulements.
19-23. — Amarrages avec coins lisses ou à rainures.
24-27. — Amarrages pour cordages.
28. — Vue en plan de l'emplacement occupé par la machine.

ÉCHELLES DES FIGURES :

Figures 1 à 4 et 6 à 12 = 1 : 27.
Figures 13 à 27 = 1 : 65.
Figure 28 = 1 : 13.

TRADUCTION DES ANNOTATIONS ALLEMANDES

Druckapparat. — Appareil de compression.
Scheerapparat. — Appareil de cisaillage.
Biegeapparat. — Appareil de flexion.
Einspannvorrichtungen. — Dispositifs d'amarrage.
Schieberspannkopf — Tête d'amarrage à tiroir.
Keilspannkopf. — Tête d'amarrage à coins.
Seilspannkopf. — Tête d'amarrage pour cordages.
Elasticitætsgrenze. — Limite d'élasticité.
Masstab für Dehnung. — Echelle de l'allongement.
Masstab für den Zng — Echelle de la tension.
Maximal Tragkraft. — Effort maximum de traction.
Bruchbelastung. — Charge de rupture.
Dehnung bis zum Bruch. — Allongement jusqu'à rupture.
Erforderlicher Raum für die Maschine. — Emplacement nécessaire pour la machine.

A. MARTENS

PLANCHE 6

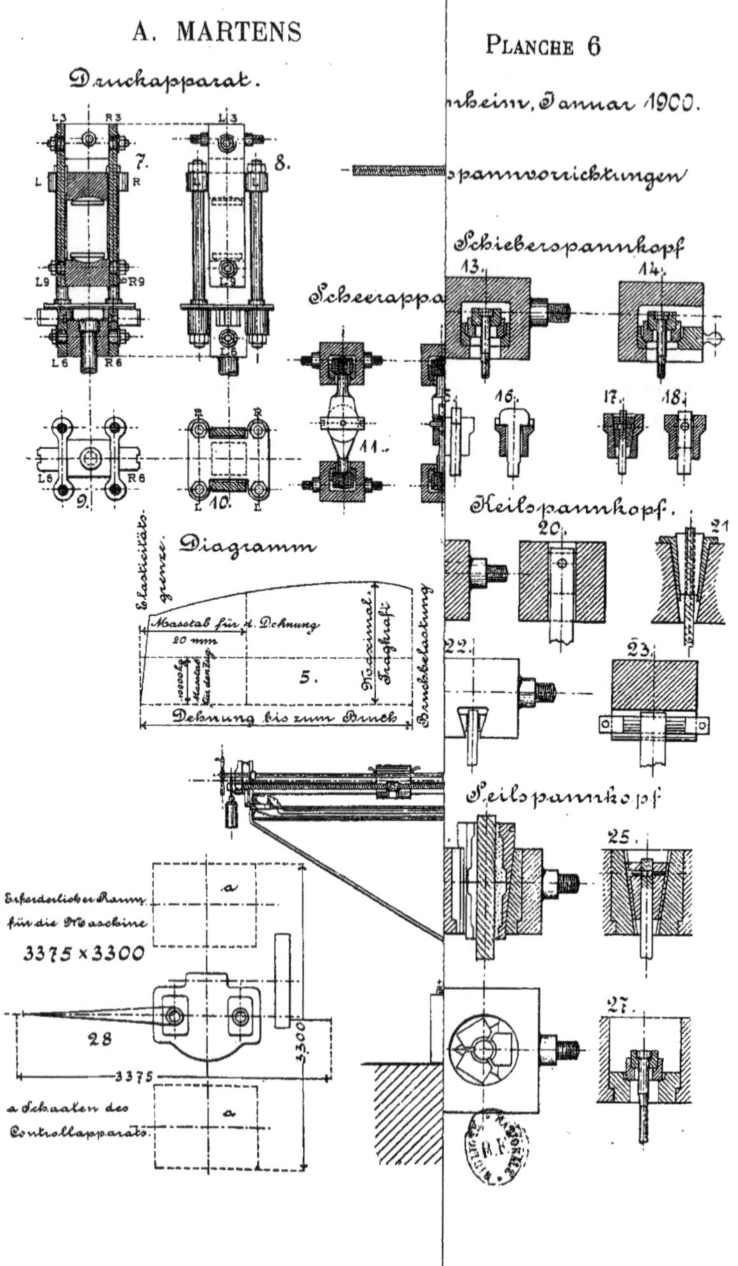

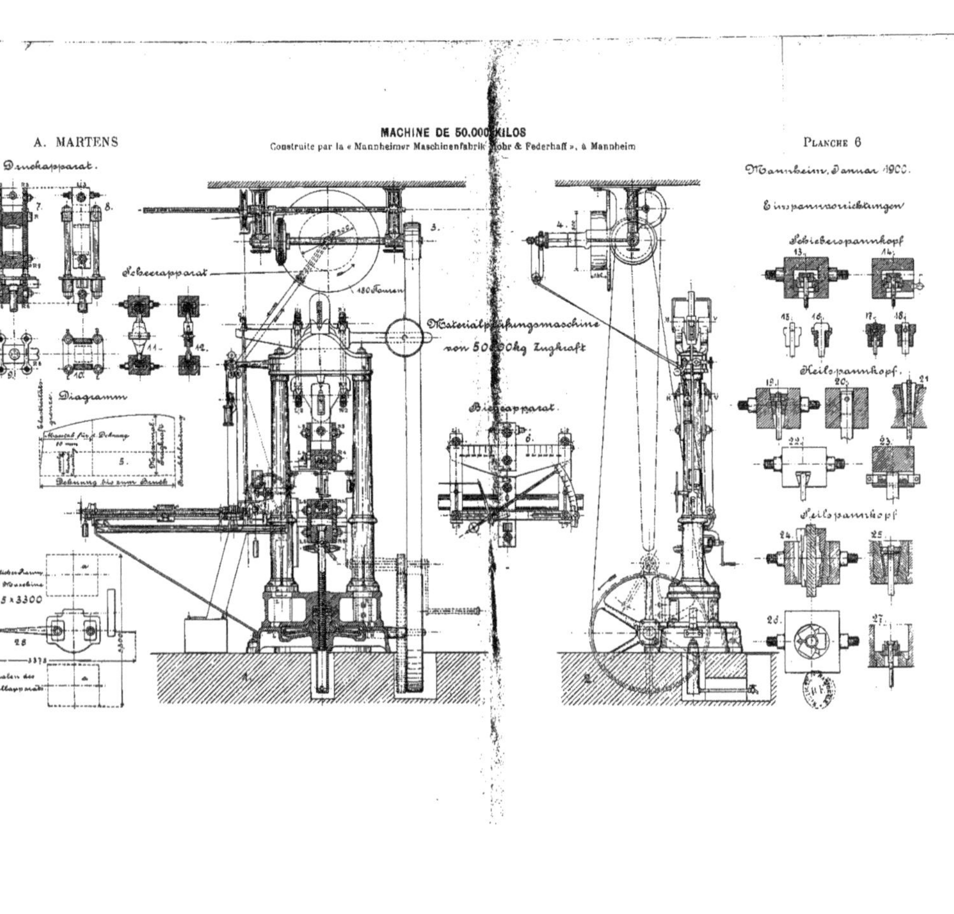
A. MARTENS
MACHINE DE 50.000 KILOS
Construite par la « Mannheimer Maschinenfabrik Mohr & Federhaff », à Mannheim
PLANCHE 6
Druckapparat.
Scheerapparat
Diagramm
Materialprüfungsmaschine
von 50000kg Zugkraft
Biegeapparat.
Mannheim, Januar 1900.
Einspannvorrichtungen
Schieberspannkopf
Keilspannkopf.
Keilspannkopf

LÉGENDE DE LA PLANCHE 7

Figures **1**. — *Machine verticale de traction Mohr et Federhaff.* — Force 30.000 kilos.

Commande par vis.

2. — *Machine à commande hydraulique pour essais de rails à la flexion.*

Ce genre de machines est construit pour 40, 50, 60 et 80 tonnes.

Les appuis peuvent être écartés jusqu'à un mètre.

3-5. — *Machines à vis à commande variée pour les essais de pliage de barreaux métalliques.*

6. — *Machine de traction disposée pour l'essai d'un cordage.*

Ce genre de machines est le même que celui des figures 3, 4, 5 de la planche.

7. — *Machine à commande hydraulique pour l'essai des ressorts à la flexion.*

Cette figure représente la vue arrière de la machine n° 10 de la planche 8.

8. — *Machine verticale pour l'essai de barreaux de fonte à la flexion.*

Ce genre de machines est construit pour 600, 800 et 1.000 kilos.

Distance maximum des appuis = 1 mètre.

PLANCHE 7

4

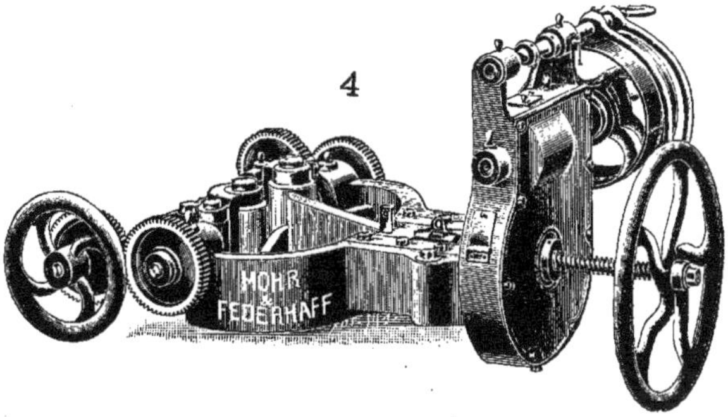

MOHR & FEDERHAFF

5

6

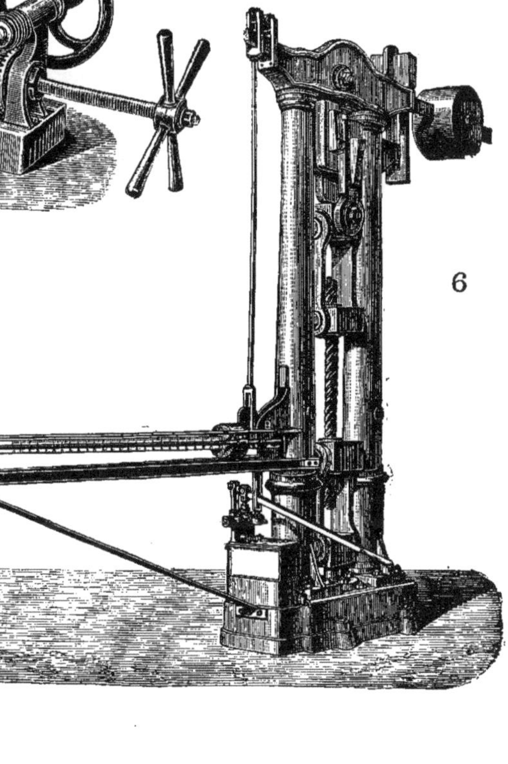

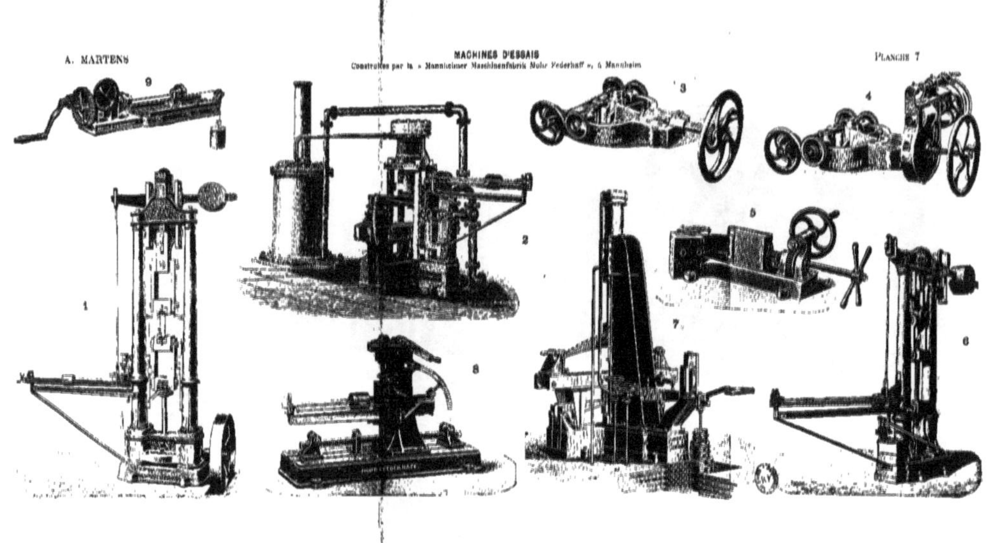
A. MARTENS
MACHINES D'ESSAIS
Construites par la « Mannheimer Maschinenfabrik Mohr Federhaff », à Mannheim
PLANCHE 7
9
3
4
2
1
5
7
6
8

LÉGENDE DE LA PLANCHE 8

Figures **1.** — *Machine verticale de traction système Mohr et Federhaff.* — Force 50 tonnes, avec commande électrique du poids curseur de la balance.

2. — *Machine de traction Mohr et Federhaff.* — Force 10 tonnes.

Ce genre de machines destiné aux essais de fils, de petites barrettes, est également construit pour 15.000 kilos.

3. — *Machine de traction Mohr et Federhaff.* — Force 100 tonnes.

Cette machine est à commande hydraulique.

4. — *Même machine disposée pour des essais de compression.*

5. — *Même machine disposée pour des essais de flexion.*

Ce genre de machines est muni de tous les accessoires nécessaires à une mesure précise et complète dans tous les genres d'essais.

6. — *Machine de traction horizontale Mohr et Federhaff pour l'essai des chaînes.* — Force 100 tonnes.

Longueur maximum des chaînes = 30 mètres. — A remarquer la supression du bâti. Ce sont les fondations qui réunissent les 2 parties de la machine.

7. — *Machine de traction horizontale Mohr et Federhaff pour câbles et chaînes.* — Force 100 tonnes.

Longueur maximum des échantillons = 22 mètres.

8. — *Machine de traction pour tissus, ressorts, fils etc..* — Force 400 kilos.

Cette machine est également construite pour 1.000 et 3.000 kilos.

9. — *Machine de traction pour éprouvettes en ciment.* — Force 600 kilos.

10. — *Machine à commande hydraulique pour l'essai des ressorts à la flexion.* — Force 10.000 kilos.

Se construit également pour 16.000 kilos. — Longueur maximum des ressorts = 2 mètres 50.

11. — *Mouton de choc pour essais à la traction, à la compression et à la flexion.*

MACHINES D'ESSAIS

Construites par la « Mannheimer Maschinenfabrik Mohr & Federhaff » à Mannheim

LÉGENDE DE LA PLANCHE 9

Texte : art. 583-586, 492, 493, 518 (L. 12, 1882, page 8).

Figures **1-7**. — *Machine de 50.000 kilos*, pour essais de traction compression et flexion.

1. — Elévation, essai de traction avec un barreau rond.

2. — Coupe verticale, essai de traction avec un barreau plat.

3. — Vue d'ensemble de la machine.

4 et 5. — Dispositif pour l'essai de compression.

6 et 7. — Dispositif pour l'essai de flexion.

Figures **8**. — *Balance de contrôle.*

9. — *Vue de la machine de 100 tonnes.*

Encombrement = 320×210. Poids = 10.500 kilos.

10. — *Vue de la machine de 25.000 kilos.*

Encombrement = 200×120. Poids = 3.000 kilos.

11-22. — *Dispositif d'amarrage pour barreaux ronds et plats de traction.*

23-28. — *Barreaux pour l'essai de traction.*

29 et 30. — *Enregistreur.*

ÉCHELLES DES FIGURES :

Figure 8 = 1 : 33.
Figures 1, 2, 4-7 = 1 : 22.
Figures 29 et 30 = 1 : 11.

PLANCHE 9

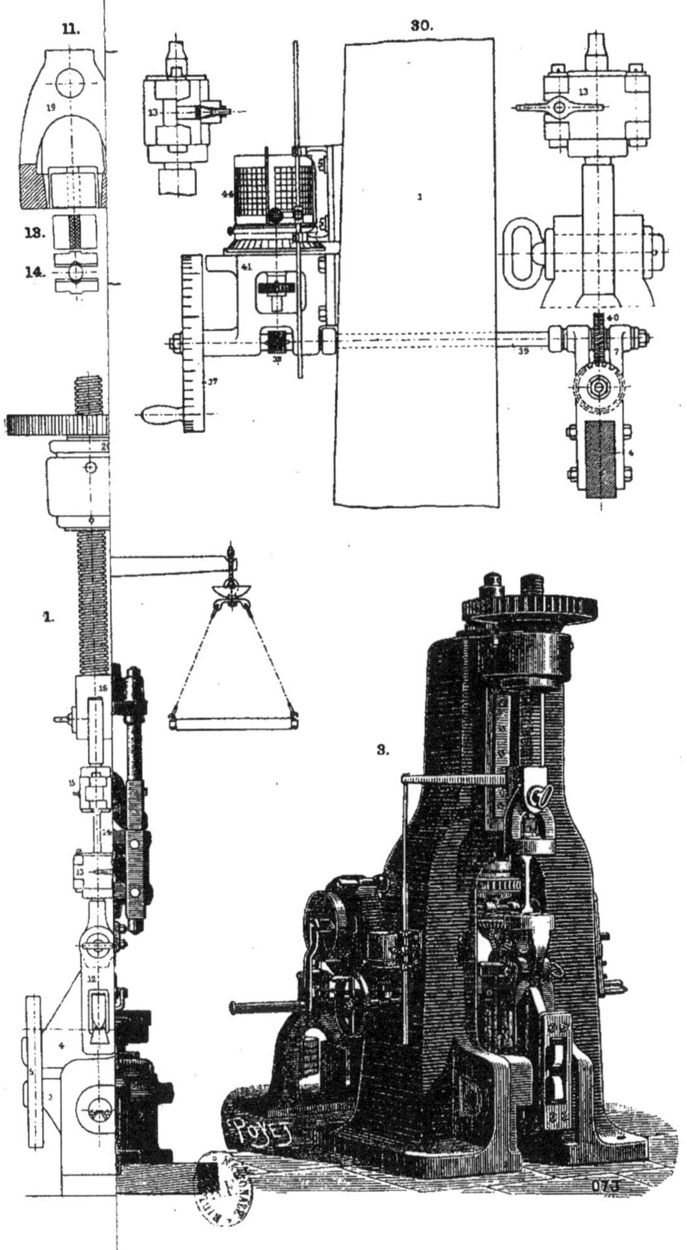

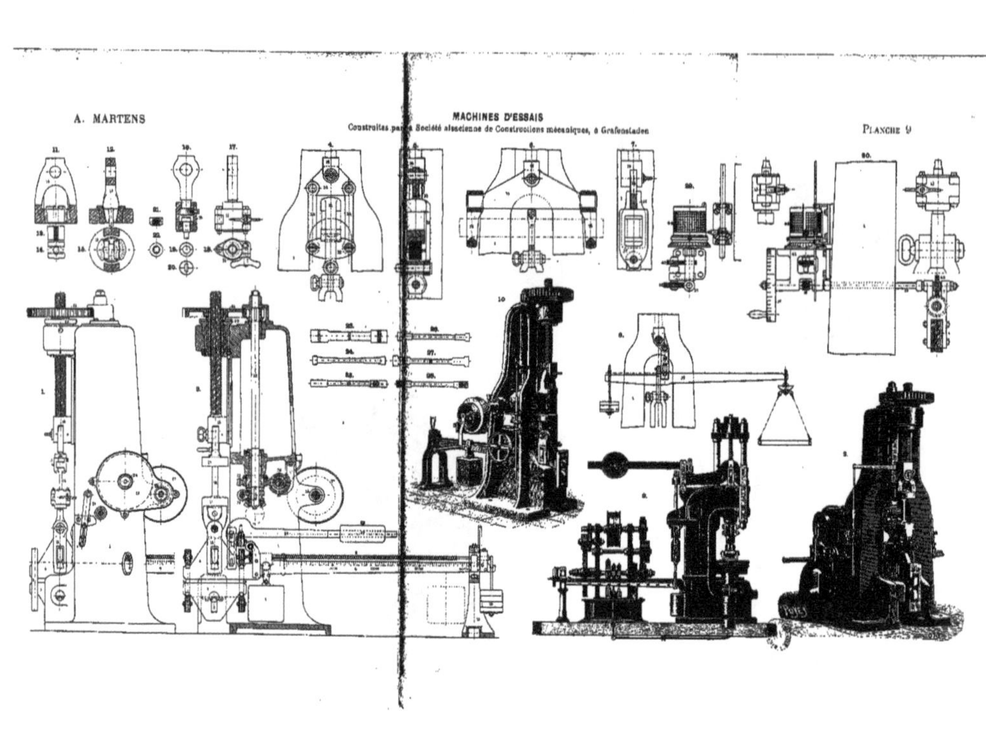
A. MARTENS
MACHINES D'ESSAIS
Construites par la Société alsacienne de Constructions mécaniques, à Grafenstaden
Planche 9

LÉGENDE DE LA PLANCHE 10

Texte : art. 552, 587-590, 534 *a-e*, 465, 493 et 533 (L. 229).

Figures **1-18**. — *Machine de 50.000 kilos de Pohlmeyer* :

(Les machines sont construites pour les puissances de 25.000, 50.000 et 100.000 kilos).

1 et 2. — Coupes longitudinales et vue de côté.

3 et 4. — Vues en plan.

5-8. — Dispositif d'amarrage pour essai de compression.

9-14. — Fixation des couteaux.

15-18. — Dispositif d'amarrage pour essai de pliage.

Figures **19-27**. — *Particularités de l'appareil à tracer les diagrammes (construction de Martens)*.

Figures **28 et 29**. — *Pompe pour commande à la main.*

Figures **30 et 31**. — *Multiplicateur pour commande par conduite d'eau.*

Désignation des tuyaux de conduite : 80, conduite d'eau ; 73, bâti de distributeurs ; 79, vers le gros cylindre ; 78, vers le petit cylindre ; 77, vers la machine ; 75, robinet de sûreté et d'évacuation ; 81, évacuation.

ÉCHELLES DES FIGURES :

Figures 30 et 31 = 1 : 33.
Figures 15-18 = 1 : 27,5.
Figures 1-14, 28 et 29 = 1 : 22,2.
Figures 19-27 = 1 : 5,5.

PLANCHE 10

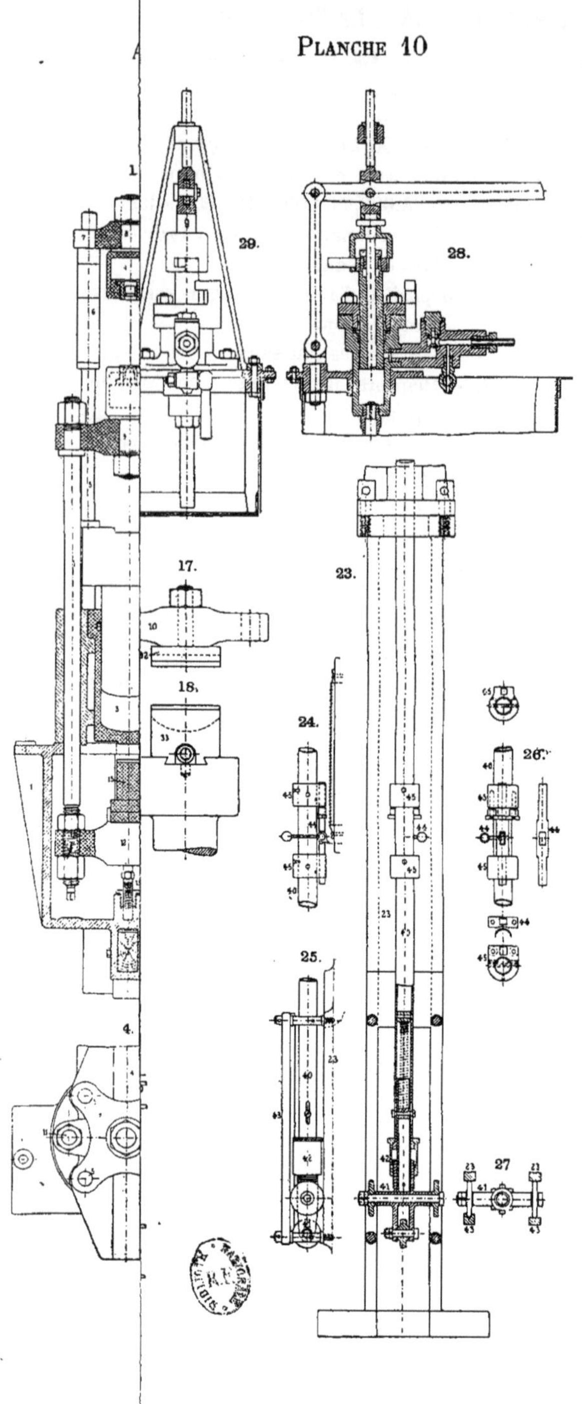

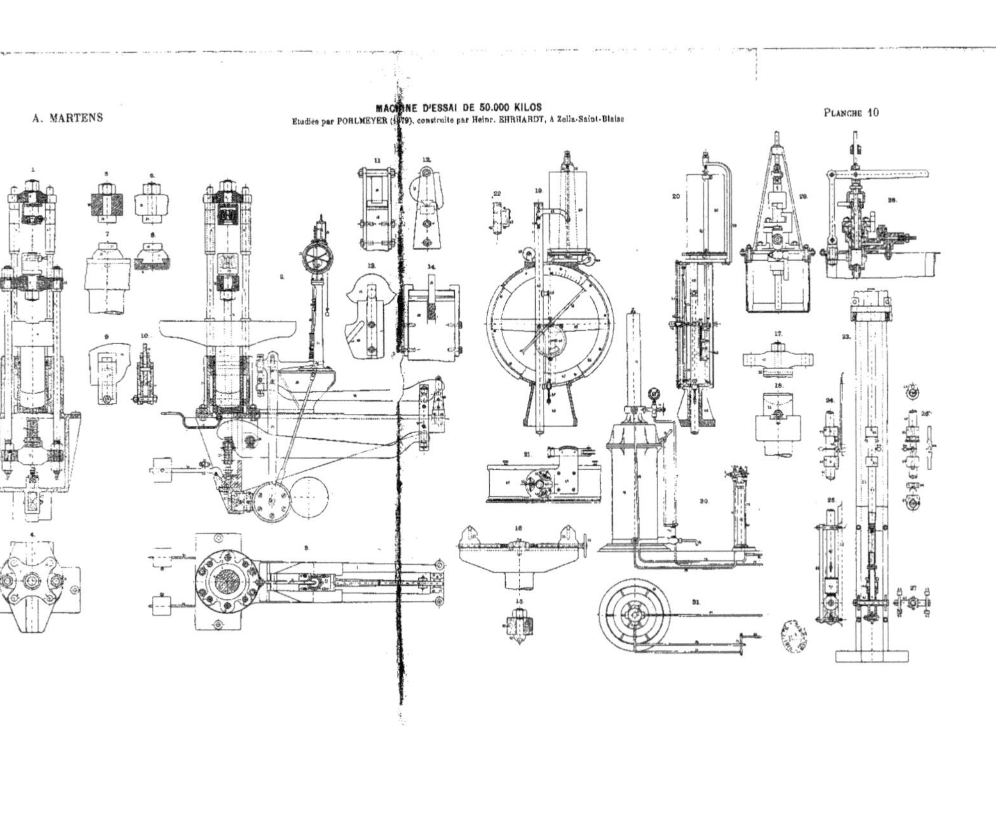
A. MARTENS
MACHINE D'ESSAI DE 50.000 KILOS
Etudiée par POHLMEYER (1879), construite par Heinr. EHRHARDT, à Zella-Saint-Blaise
PLANCHE 10

LÉGENDE DE LA PLANCHE 11

Texte : art. 189, 591-598, 457 et 493

Figures **1.** — Vue en plan et coupe par le cylindre de la presse.
2. — Coupe longitudinale de la machine.
3. — Elévation.
4. — Coupe devant la balance.
5. — Appui de butée.
6. — Traverse de la presse.
7. — Coupe devant le piston
8. — Coupe transversale par le cylindre de la presse.

ECHELLE DES FIGURES

Toutes les figures sont à l'échelle de 1 : 67.

A PLANCHE 11

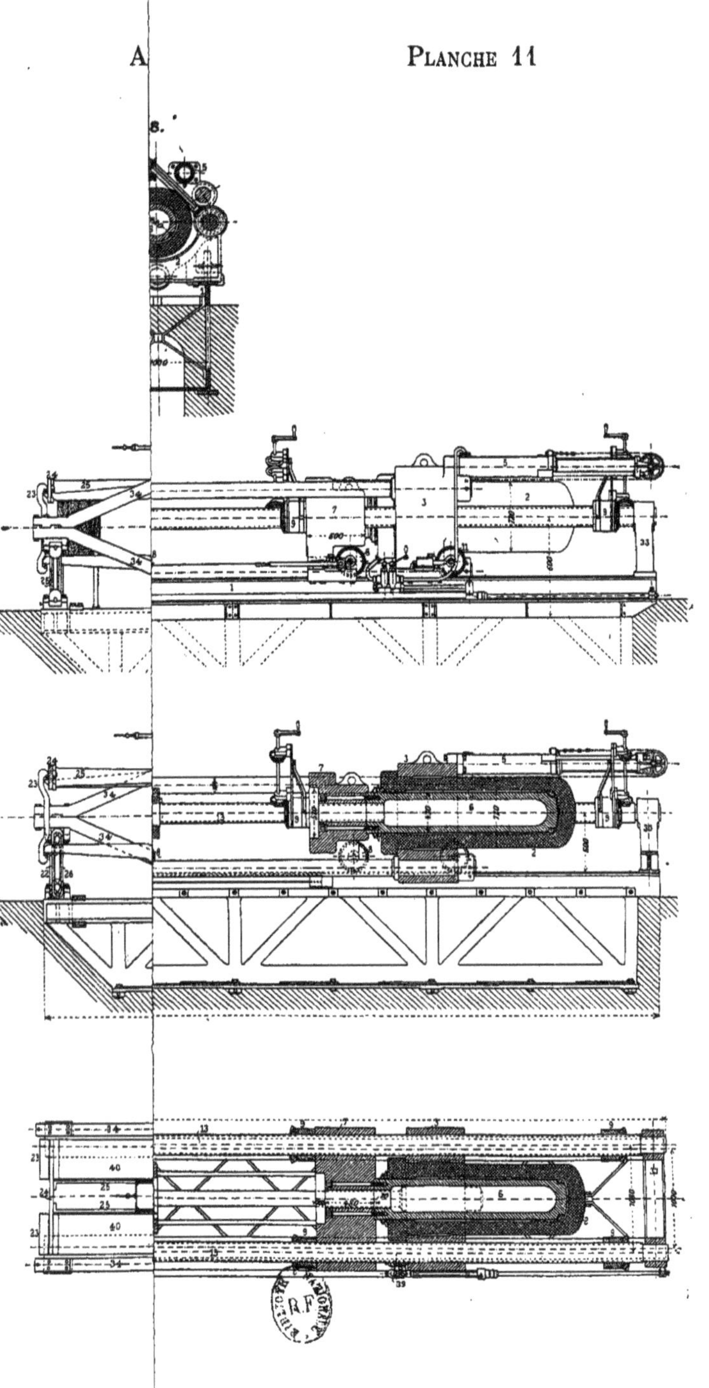

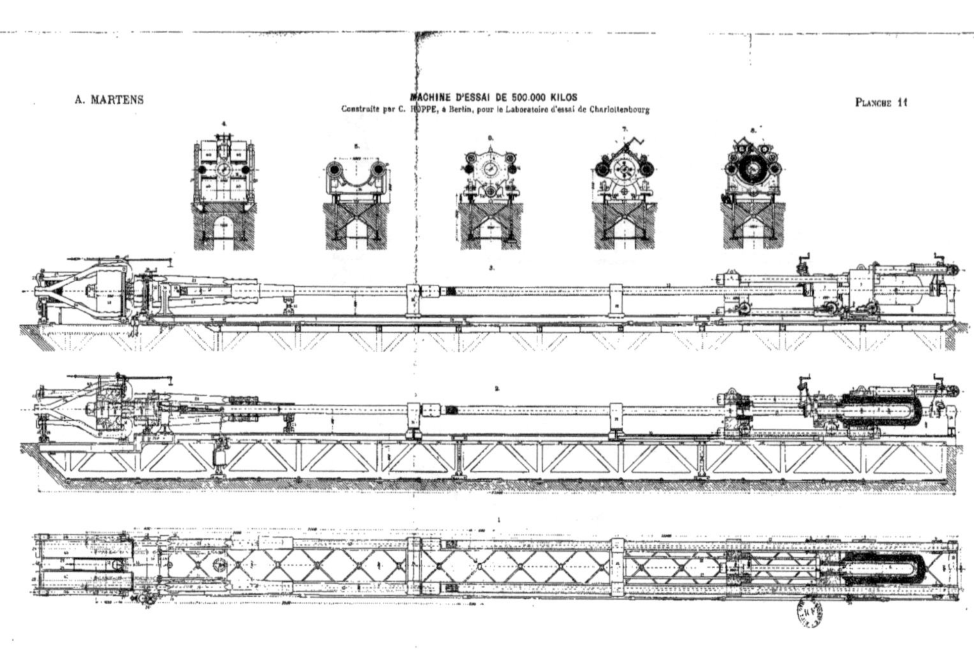
A. MARTENS
MACHINE D'ESSAI DE 500.000 KILOS
Construite par C. HOPPE, à Berlin, pour le Laboratoire d'essai de Charlottenbourg
PLANCHE 11

LÉGENDE DE LA PLANCHE 12

Texte : art. 542, 483, 539, 540, 543-545 (L. 215) ; 539, 543 (L. 215) ; 536, 531, 543 (L. 228)

Figures **1-8**. — *Machine de Schopper*, essais de traction pour tissus, papier, étoffes, etc. Force = 10 à 1.000 kilos.

Figures **9-13**. — *Machine de Hartig-Reusch*, essais de traction pour tissus, papier, etc. Force = 4 à 30 kilos (on en construit aussi de plus fortes sous une forme un peu différente).

Figures **14-27**. — *Machine de Wendler* (dispositif d'équipement de Martens), essais de traction pour papier. Force 9 à 20 kilos.

Figures **28-49**. — *Machines de Leuner*, essais de traction, compression et flexion. Force jusqu'à 1.000 kilos.

ECHELLES DES FIGURES :

Figures 1-6 = 1 : 16,7.
Figures 9-27 = 1 : 8,9.

A. MA

PLANCHE 12

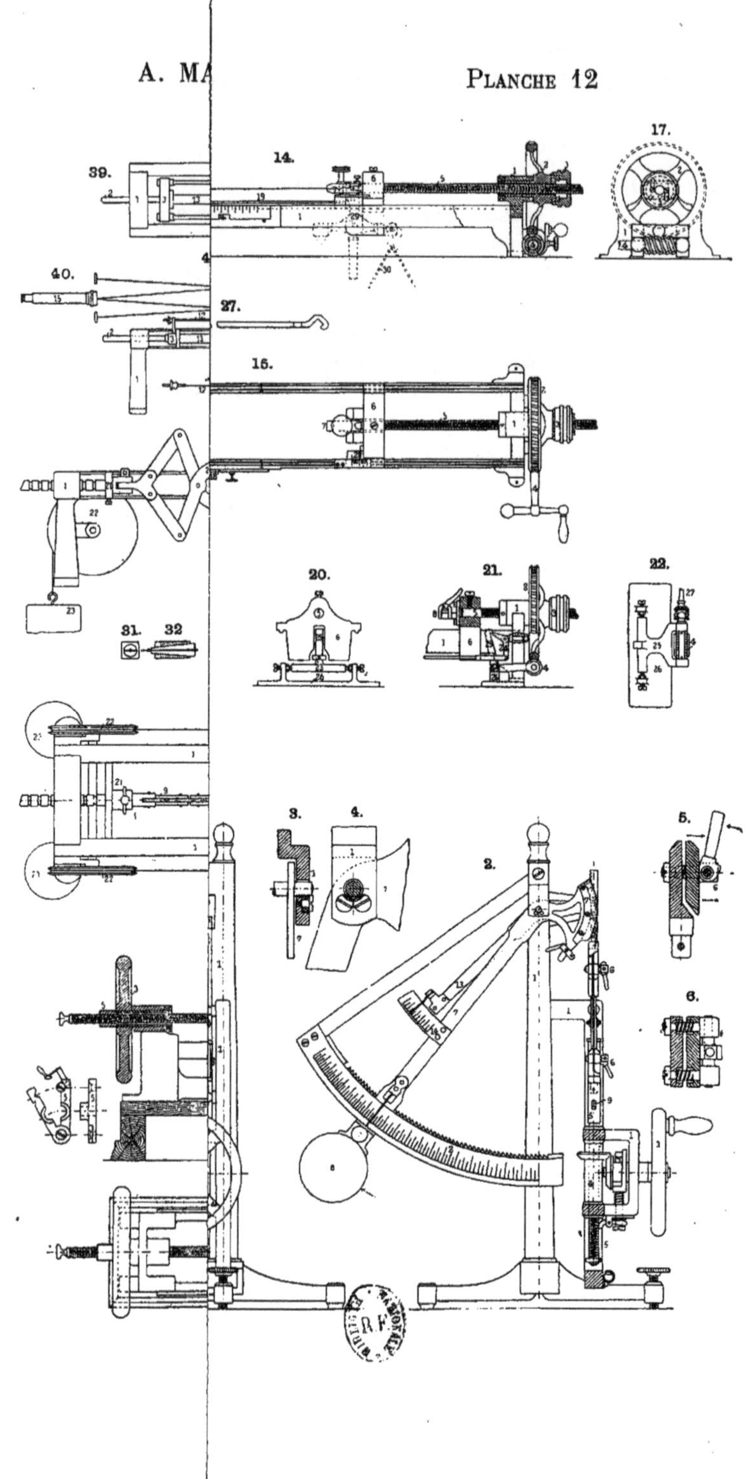

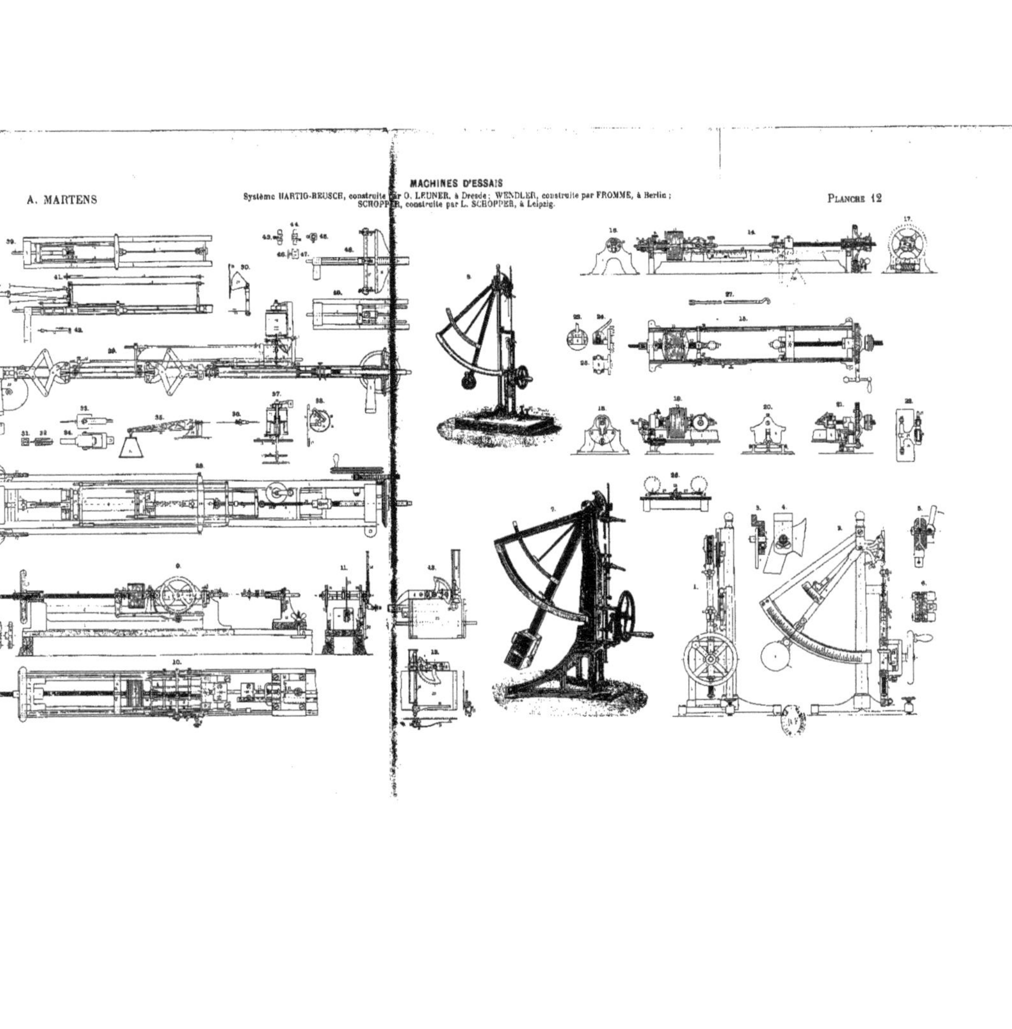
A. MARTENS
MACHINES D'ESSAIS
Système HARTIG-REUSCH, construite par O. LEUNER, à Dresde ; WENDLER, construite par FROMME, à Berlin ;
SCHOPPER, construite par L. SCHOPPER, à Leipzig.
PLANCHE 12

LÉGENDE DE LA PLANCHE 13

Texte : art. : 228, 229, 230, 232 (L. 100, 153, 155)

Figures **1-21**. — *Mouton pour essais de choc à la compression, à la flexion, à la traction, etc.*, (hauteurs de chute jusqu'à 4 mètres 5).

1 et 2. — Elévation et coupe longitudinale.

3. — Vue en plan.

4 et 5. — Echelle mobile (fixation).

6-13. — Moutons de choc (de 30 à 200 kilos).

14-17. — Anneaux d'appui (essais d'emboutissage avec des tôles).

18-21. — Dispositifs pour essais de traction.

Figures **22-30**. — *Mouton de choc pour essai de dalles en pierres, en carton, en verre, etc.*, avec des moutons de 0 k. 5 à 5 kilos, hauteur de chute jusqu'à 2 mètres.

Figures **31-35**. — *Machine pour essais de durée au choc* pour cordages, chaînes, matériaux d'empierrement, etc.

ÉCHELLES DES FIGURES :

Figures 31, 32, 35 = 1 : 44,5.
Figures 1-3, 6-17 = 1 : 27,7.
Figures 22 27 = 1 : 22,3.
Figures 33 et 34 = 1 : 16,7.
Figures 4, 5, 18-21 = 1 : 13,9.
Figures 28-30 = 1 : 11.

A. MA

PLANCHE 13

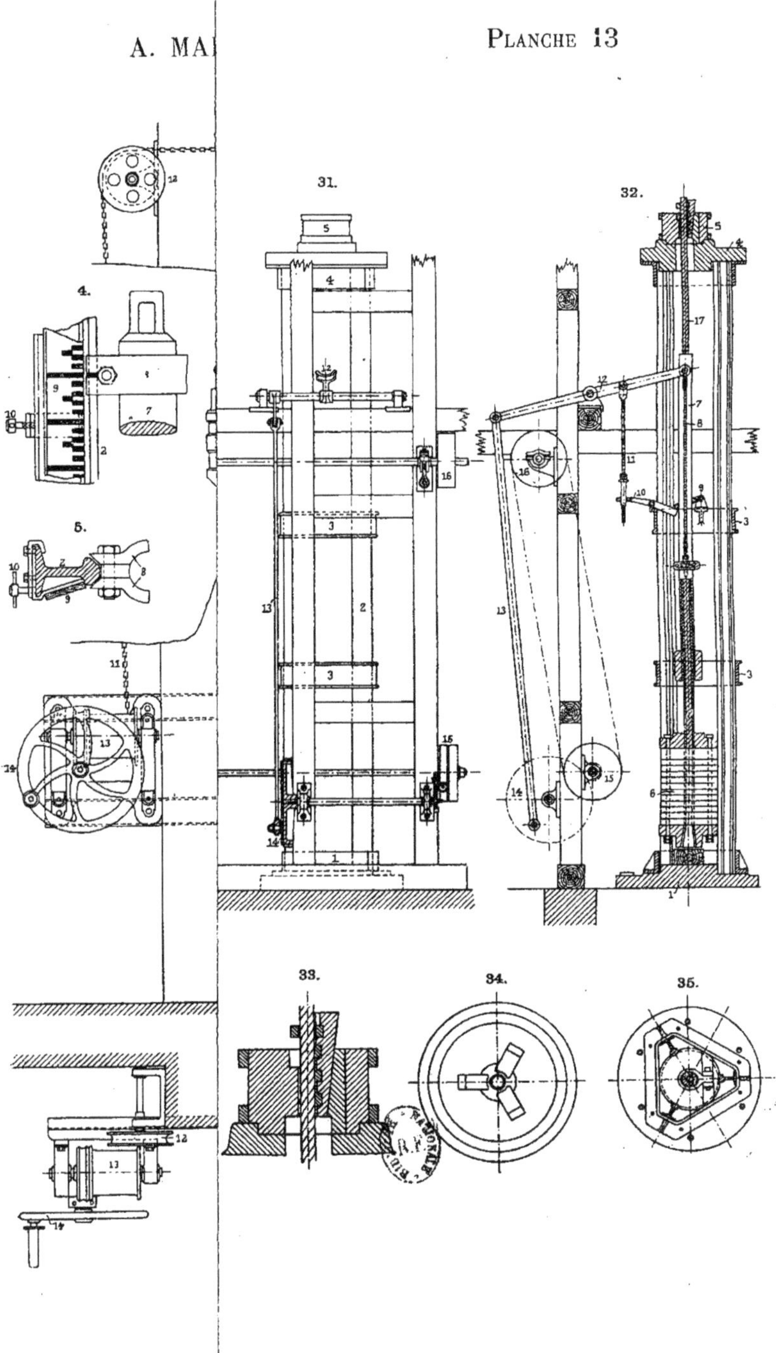

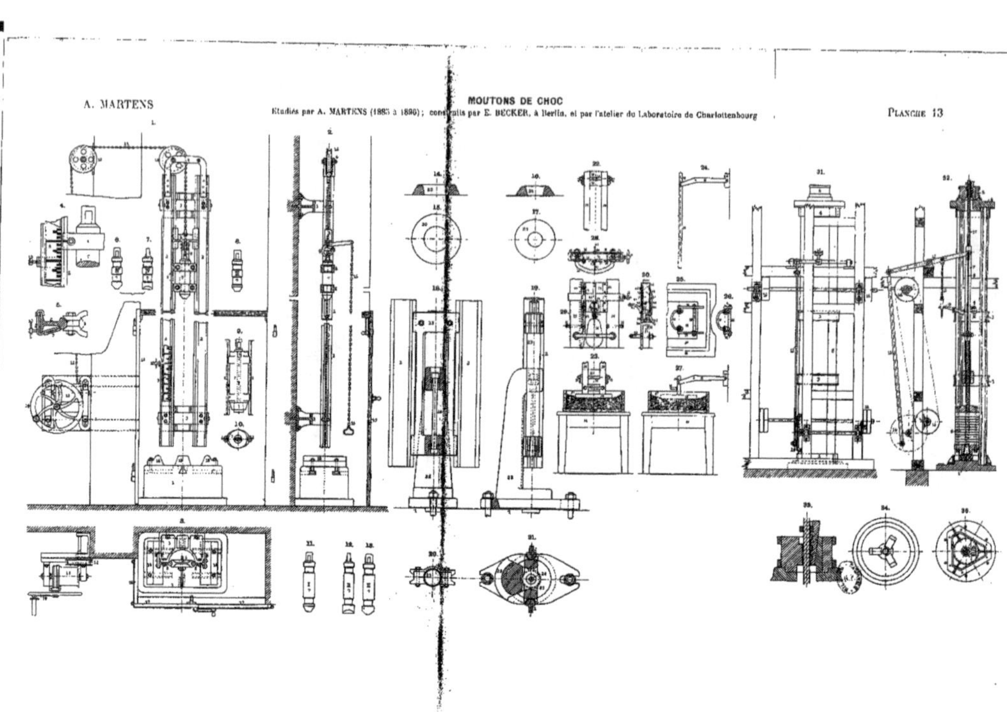
A. MARTENS
MOUTONS DE CHOC
Etudiés par A. MARTENS (1883 à 1890); construits par E. BECKER, à Berlin, et par l'atelier du Laboratoire de Charlottenbourg
PLANCHE 13

LÉGENDE DE LA PLANCHE 14

Texte : art. 598-601, 452, 479, 490, 493 (L. 200)

Figures **1-14**. — *Machine de Gollner*. Force = 20.000 kilos.
1. — Vue de côté.
2. — Coupe longitudinale.
3. — Disposition de la pompe de compression.
4. — Montage pour essais de flexion, coupe.
5. — Montage pour essais de torsion, vue.
6. — Vue en plan de la machine.
7-9. — Amarrages pour essais de traction.
10-14. — Amarrages pour essais de compression.

Figures **15-17**. — *Machine de Pfaff*. Force = 70.000 kilos.
Vue, coupe longitudinale et vue en plan.

Figures **18-31**. — *Machine de Martens*. Force = 5.000 kilos.
18-20. — Vues d'ensemble.
21-31. — Détails.

ÉCHELLES DES FIGURES :

Figures 15-17 = 1 : 55,5.
Figures 1-14 = 1 : 33.
Figures 18-24 = 1 : 16,7.
Figures 25-31 = 1 : 8,3.

PLANCHE 14

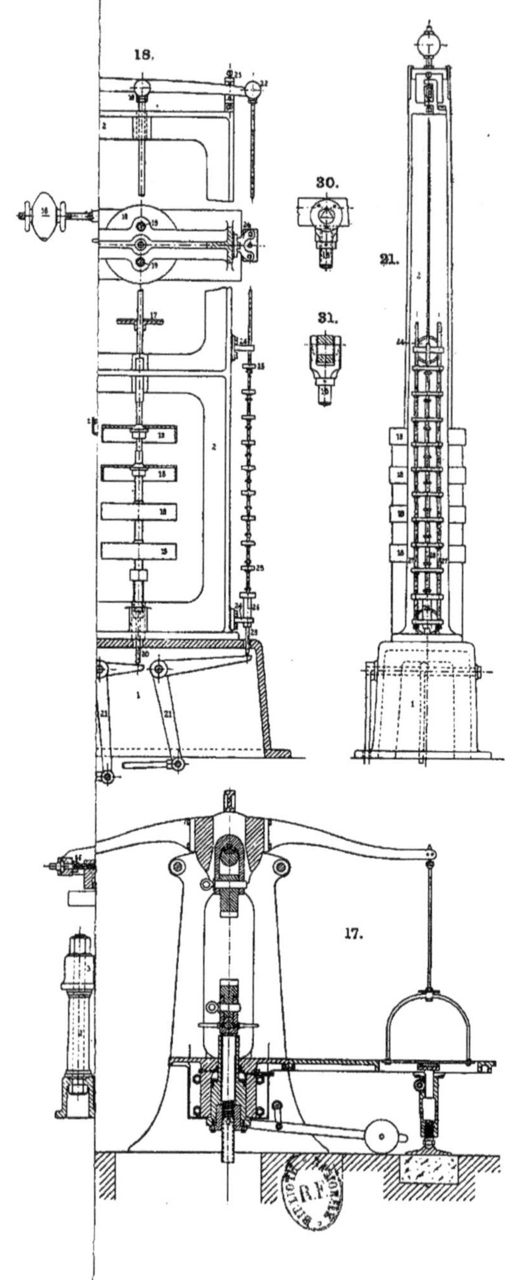

A. MARTENS

MACHINES D'ESSAIS

Système GOLLNER, construite par F. J. MULLER, à Prague ; système PFAFF, construite par REINH-FERNAU et Cie, à Vienne ;
MARTENS, construite par l'atelier de l'École supérieure technique de Charlottenbourg

PLANCHE 14

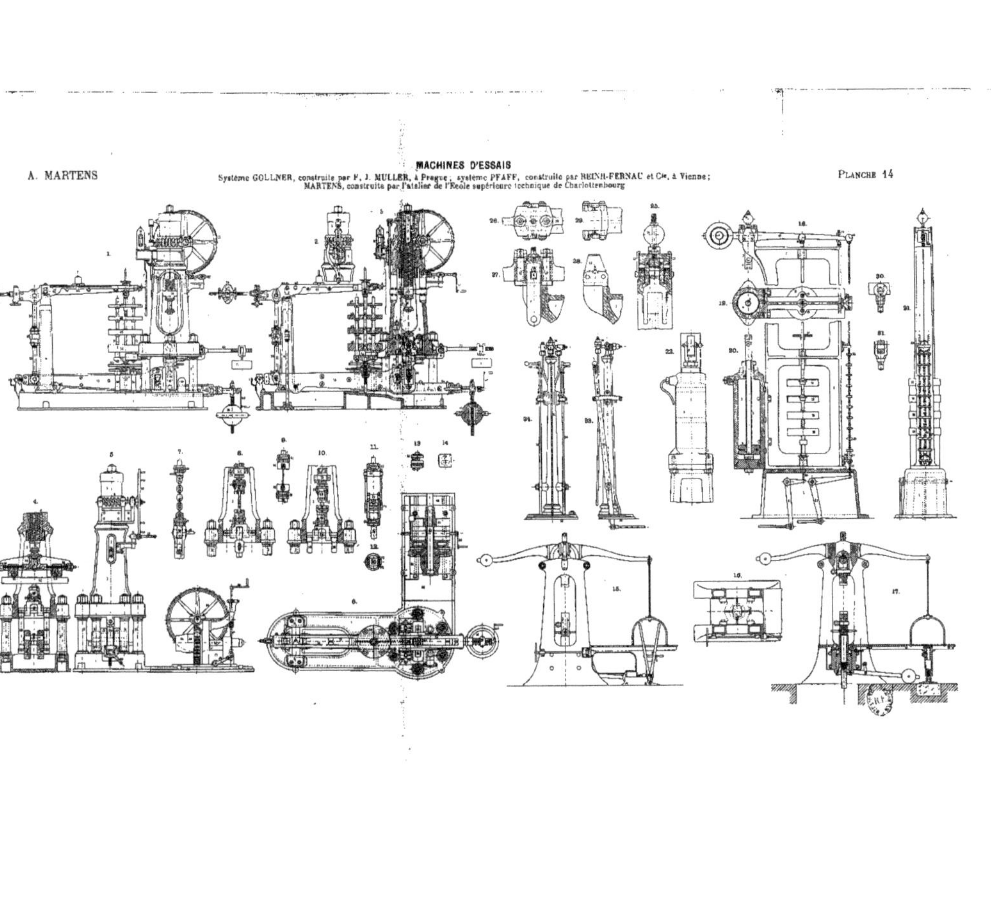

LÉGENDE DE LA PLANCHE 15

Figures **1.** — *Machine de traction.* Force = 25.000 kilos.
Longueur maximum des éprouvettes = 50 cm. — Diamètre maximum = 30 mm.

2. — *Machine de traction.* Force = 5.000 kilos. — Pour fils, tôles, courroies ayant jusqu'à 100 mm. de largeur.

12. — *Appareil de compression destiné à la machine de la figure 2.* Pour éprouvettes ayant au maximum 15 cm. de hauteur et 6 cm. × 6 cm. de base.

Figures **3 et 5.** — *Machine de compression et flexion.* Force = 150.000 kilos pour la compression.

3. — Compression = hauteur maximum des éprouvettes = 1 m. 50 ; base 29 cm. × 29 cm.

5. — Flexion. — Force 50.000 kilos ou 100.000 kilos ; longueur maximum = 1 m. 60, largeur maximum = 10 cm.

Figure **4.** — *Machine de compression et flexion.* Force = 5.000 kilos.
Flexion. — Longueur = 1 m. 10, largeur = 25 cm.
Compression. — Hauteur = 23 cm., base = 11 cm. × 11 cm.

Figures **6 et 7.** — *Machine de traction, compression, flexion, torsion.*

6. — Vue par bout de la machine avec une poutre en position de flexion.

7. — Vue par bout de la machine avec l'appareil de commande, de torsion, etc.

Pour la traction. — Force = 250.000 kilos. — Barres rondes jusqu'à 100 mm. de diamètre. — Barres plates jusqu'à 150 mm. × 60 mm. — Courroies jusqu'à 190 mm. de largeur. — Chaînes jusqu'à 50 mm. de diamètre de fer. — Longueur maximum des éprouvettes = 6 mètres.

Pour la compression. — Longueur = 6 mètres, base = 50 cm. × 50 cm.

Pour la flexion. — Longueur = 3 mètres, section = 100 cm. × 45 cm.

Pour la torsion. — Longueur = 70 cm.

Figures **8.** — *Machine de traction, compression, flexion.* — Force 50.000 kilos.
Traction. — Longueur = 1 mètre, diamètre des éprouvettes = 30 mm.
Compression. — Hauteur = 20 cm., base = 8 cm.
Flexion. — Distance entre appuis = 1 m. 10, section = 20 cm. × 19 cm.

9. — *Machine de traction.* — Force 200.000 kilos.
Longueur des éprouvettes = 1 mètre, course du piston 40 cm.

10. — *Machine à plier les éprouvettes.* — Force = 70.000 kilos, barreaux de 100 mm. × 50 mm.

11. — *Machine de torsion.* — Puissance 150 kilogrammètres.
Longueur des éprouvettes = 50 cm., épaisseur 40 mm.

13. — *Machine de traction à pendule pour fils métalliques.* — Force 300 kilos.
Longueur = 80 cm., diamètre des fils = 5 mm.

14 et 18. — *Machine de torsion.* — Puissance 6 kilogrammètres, avec enregistreur pour fils jusqu'à 8 mm. de diamètre, longueur maximum = 35 cm.

15 et 19. — *Machine de traction et de compression.* — Force = 1.500 kilos.
Traction — Fils métalliques jusqu'à 6 mm. de diamètre, longueur = 80 cm.
Compression. — Hauteur 70 cm., base 10 cm. × 10 cm.

16. — *Machine pour essayer la perméabilité des mortiers.*

17. — *Lunettes pour l'appareil à miroirs de Martens.*

20. — *Machine de compression.* — Force = 60.000 kilos.
Cette machine peut recevoir une poutre pour les essais de flexion et peut développer dans ce cas un effort de 20.000 kilos.
Compression. — Hauteur = 34 cm., base 25 cm. × 18 cm.
Flexion. — Longueur = 1 m. 06, section 15 cm. × 25 cm.

21. — *Machine de torsion* pour fils jusqu'à 8 mm. de diamètre.

22. — *Machine à diviser les éprouvettes.*

23. — *Appareil à essayer les billes à la compression.*

24. — *Machine de compression.* Force = 5.000 kilos.

25. — *Machine de compression.* Force = 200. 000 kilos.
Peut développer un effort de 150.000 kilos à la flexion.

26. — *Pompe alimentant cette machine.*

27. — *Machine à plier les éprouvettes avec sa pompe.* Force = 70.000 kilos, pour barreaux jusqu'à 6 cm. × 3 cm.

28. — *Machine de traction de 25.000 kilos pouvant faire des essais de torsion jusqu'à 150 kilogrammètres.*

29. — *Machine de traction et compression de 100.000 kilos.*

30. — *Dispositif pour essais de flexion, se montant dans la machine n° 8.*

31. — *Machine à plier les barrettes.*

PLANCHE 15

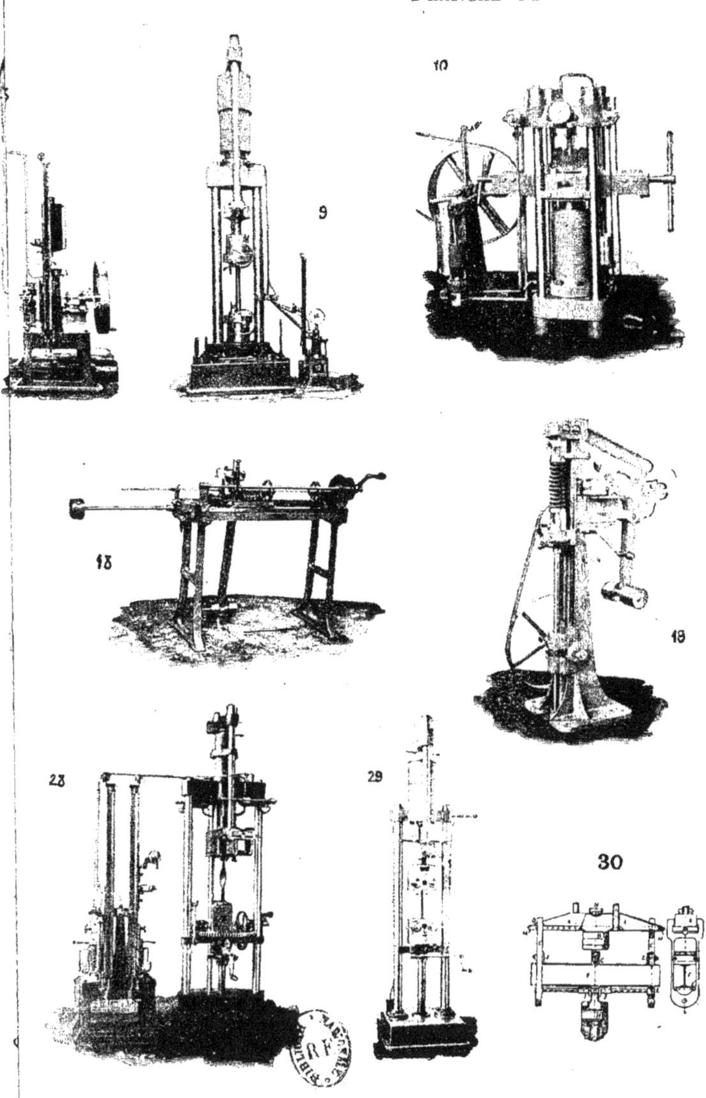

MACHINES D'ESSAIS

Étudiées et construites par M. AMSLER-LAFFON et FILS, à Schaffouse (Suisse)

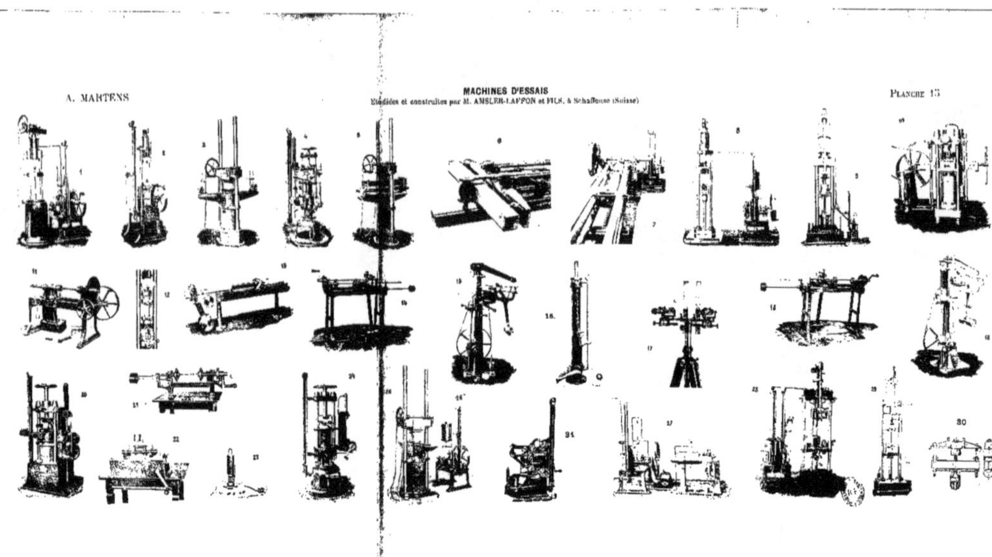

LÉGENDE DE LA PLANCHE 16

Texte : art. 611-618, 485 et 519, Planches 16 et 17 (L. 49, 1884, page 180) ; 45, (1886, II, page 27); 48, (1886, II, page 176 ; 243)

P signifie puissance, E, encombrement (longueur, largeur, hauteur) en centimètres, G poids en kilos, D dimensions des éprouvettes en centimètres.

Figures **1 et 2**. — *Dispositif pour essais de flambage* : D : (longueur = 183 dimensions transversales = 23 × 23).

3-5. — *Dispositif pour essais de torsion* : Moment maximum P = 140.000 kilos centim., D : (diam. = 5 cm., longueur = 60 cm.).

6, 7 et 9. — *Dispositif pour essais de flexion* : D: (long. = 320 cm., largeur = 23 cm., hauteur = 175 cm.)

8 et 10. — *Dispositif pour essais de traction, avec extensomètre* : D = 180 cm.

11 et 12. — *Vue de la machine et de son installation.*

On construit des machines verticales de ce genre pour les forces suivantes :

Machines Nos	*9* et *10*	*8*	*7*	*6*	*5*	*4*	*3*	*2*	*1*
P =	100.000	60.000	50.000	30.000	15.000	10.000	5.000	2.300	900
G =	15.000 18.500	8.000	7.500	4.750	3.000	2.250	1.250	500	450

Les nos 1 et 2 sont destinés aux essais de ciment, de fils métalliques, de tissus ou à des essais de flexion sur de la fonte ; le n° 10 est une machine à 4 colonnes avec traverse ; les petites machines ont une commande par vis; les grosses une commande hydraulique; toutes les machines peuvent être disposées pour la traction, la compression, la flexion, la torsion et le cisaillage.

ECHELLES DES FIGURES

Figures nos 11 et 12 = 1 : 83,5.
Figures nos 3, 4 et 5 = 1 : 36.
Figures nos 1 et 2 = 1 : 33.
Figures nos 8, 9 et 10 = 1 : 17.
Figures nos 6 et 7 = 1 : 11.

Planche 16

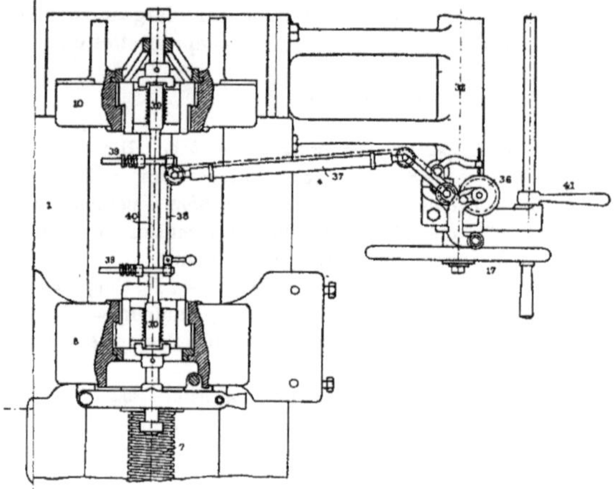

12.

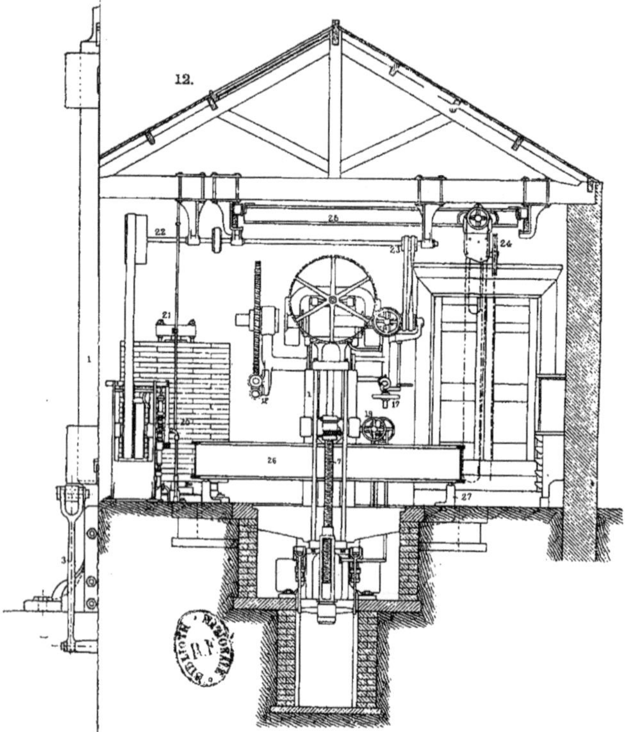

A. MARTENS

MACHINE D'ESSAI DE 100.000 KILOS

du Collège de Bradford (Angleterre), étudiée par WICKSTEED; construite par J. BUCKTON et Cie Lim., à Leeds

PLANCHE 16

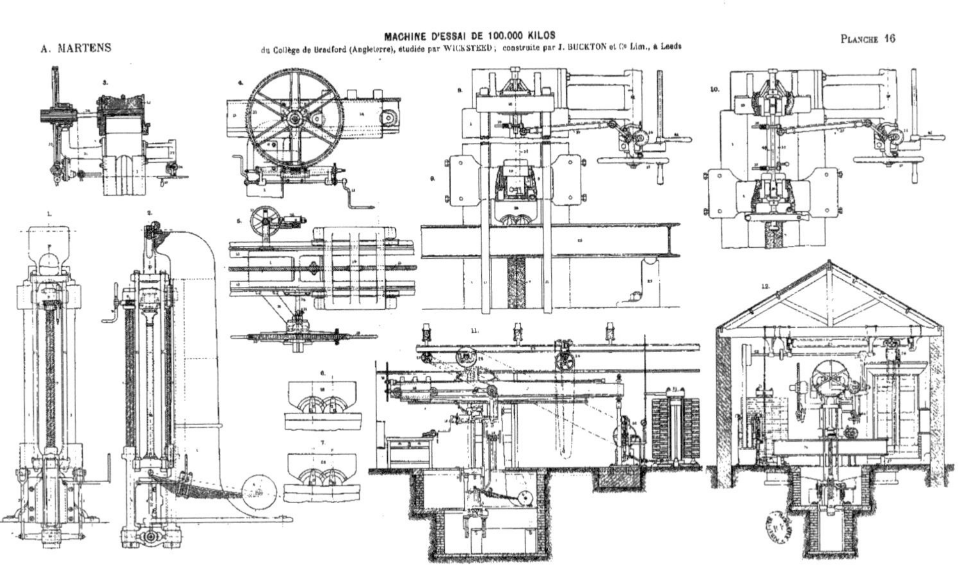

LÉGENDE DE LA PLANCHE 17

Figures **1**. — *Machine verticale de 100 tonnes pour essais de traction, compression et flexion.*

Longueur maximum des éprouvettes de traction ou de compression = 3 mètres.

Longueur maximum des pièces pour essais de flexion = 6 mètres.

Equarissage maximum des pièces = 600 mm. × 600 mm.

2. — *Machine à essayer les ressorts.* — Force 12 tonnes.

Longueur maximum des ressorts = 2 m. 50. Nombre maximum de coups par minute = 150.

3. — *Machine à essayer les ressorts.* — Force 12 tonnes.

Longueur maximum des ressorts = 2 m. 50. Flexion maximum = 500 mm.

4. — *Machine pour essais de traction, compression, flexion, cisaillage, torsion.* — Force = 100 tonnes.

Longueur maximum des éprouvettes :

pour la traction et la compression =. . 3 m.

pour la flexion et la compression = . 3 m.

Section maximum :

pour essais de cisaillage = ... 2.500 mm².

Diamètre maximum :

pour essais de cisaillage = ... 50 mm.

5. — *Machine verticale de 10 tonnes pour essais de traction, compression, flexion, torsion.*

Longueur maximum des éprouvettes :

pour la traction et la compression = . . 600 mm.

pour la flexion et la compression = . . 900 mm.

Diamètre maximum des éprouvettes :

de torsion et de compression =. . . . 20 mm.

6. — *Machine horizontale de 40 tonnes pour essais de traction, compression, etc.*

Longueur maximum des éprouvettes :

de traction =. . . . . 13 m. 200

de compression = ... 1 m. 32

de flexion = ... 3 m. 30

Diamètre des éprouvettes :

pour cisaillage =. . . . . 25 mm.

pour torsion = ... 30 mm.

7. — *Machine de traction et compression de 300 tonnes.*

Longueur maximum des éprouvettes :

de traction =. . . . . 30 m.

de compression = ... 2 m. 30

8. — *Machine à double effet pour pliage de barreaux ayant jusqu'à 60 mm. d'équarissage.*

9. — *Petite machine de torsion.*

Longueur maximum des barreaux = 250 mm. Diamètre maximum = 20 mm.

MACHINES D'ESSAIS

Construites par la maison J. BRUCKTON et Ce. à Leeds (Angleterre)

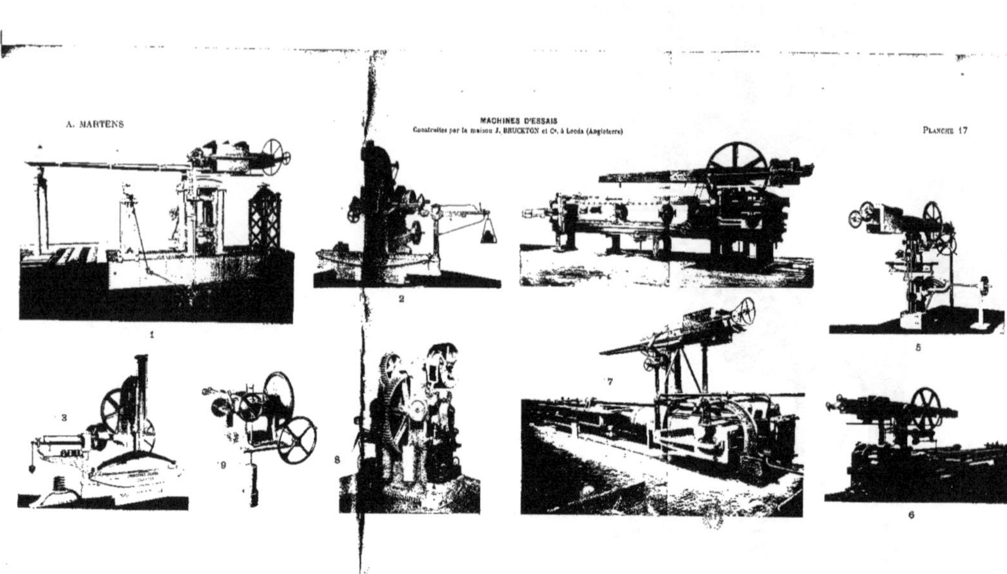

LÉGENDE DE LA PLANCHE 18

Figures **1**. — *Machine pour essai à la traction* de fils métalliques, ciments, draps, tissus, etc. Force = 1.100 kilos.

2. — *Machine hydraulique roulante pour l'essai des chaînes à la traction*. Force = 45 tonnes, dimensions maxima des chaînes. Longueur = 1 m. 53, maillons de 25 mm. de diamètre.

3. — *Machine de traction pour fils métalliques, bandes, etc.* Force = 3.000 kilos.

4. — *Machine de traction et de compression, à commande hydraulique*. Force = 16.000 kilos.

5. — *Machine de traction verticale pour fils métalliques, cuir, etc*. Force = 1.400 kilos.

6. — *Machine pour essais de traction, compression, flexion*. Force 23.000 kilos. Est également construite pour 45 tonnes.

7. — *Machine pour essais de traction, compression, flexion*. Force = 50.000 kilos. Longueur maximum des éprouvettes = 1 m. 82.

8. — *Machine pour essais de traction, torsion, compression flexion*. Force = 200.000 kilos. Peut être construite également pour 45, 55, 70, 115, 180 tonnes.

9. — *Machine pour essais de traction, compression et flexion*. Force = 50.000 kilos.

10. — *Machine pour essais de traction*. Force = 55.000 kilos.

11. — *Machine verticale de traction, compression, flexion et torsion*. Force = 30.000 kilos.

MACHINES D'ESSAIS

Construites par la maison GREENWOOD et BATLEY, de Leeds (Angleterre)

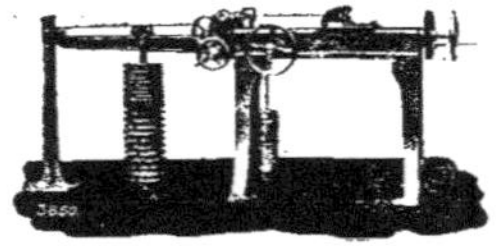

1

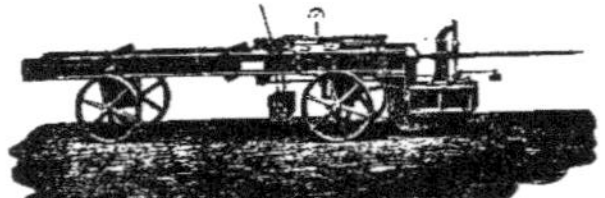

2

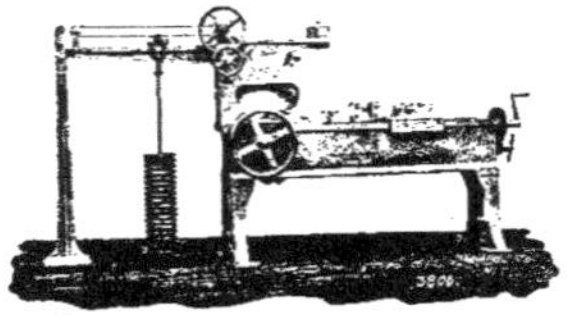

3

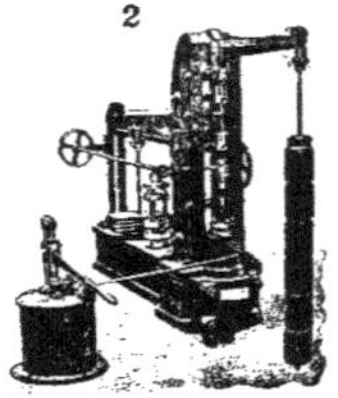

4

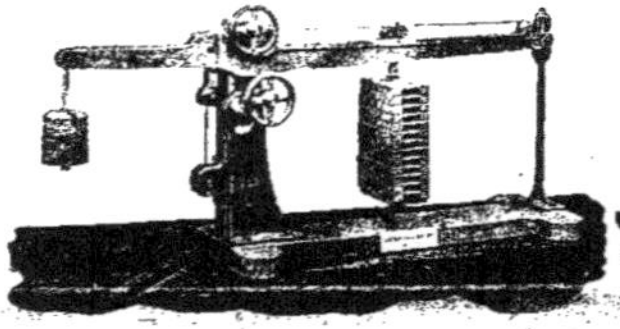

5

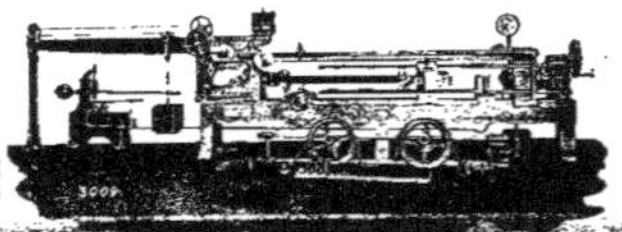

6

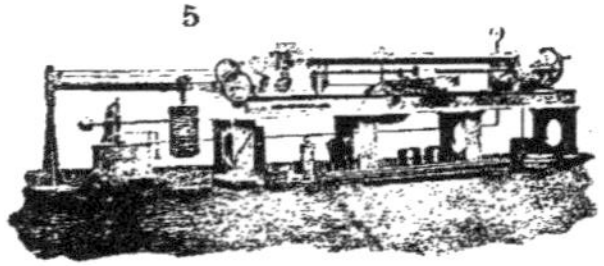

7

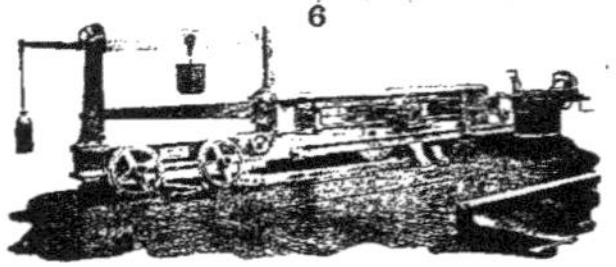

8

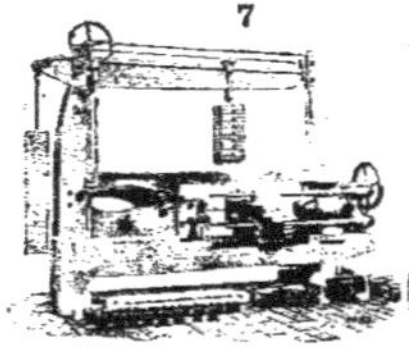

9

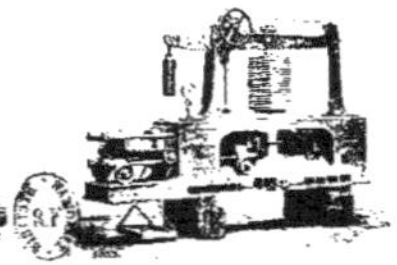

10

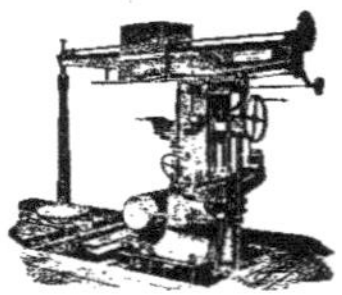

11

LÉGENDE DE LA PLANCHE 19

Texte : art. 623-635, 483, 485, 501, 505, 559 (L. 221, 242).

Figures **1-13**. — *Appareil de mesure de l'effort et ses particularités.*
1 et 2. — Coupe verticale et horizontale. — Dispositif d'action sur la boîte de mesure et dispositif d'amarrage ; appui des parties mobiles sur le bâti.
3. — Vue par bout.
4-6. — Appui du dispositif d'amarrage du début.
7-11. — Construction des boîtes de mesure.
12 et 13. — Construction de la boîte de transmission de l'effort à la balance.

Figures **14-18**. — *Commande et ses détails.*
14-16. — Vues extérieures de la commande et son dispositif d'arrêt.
17. — Construction de la presse hydraulique.
18. — Train d'engrenages pour le dispositif d'arrêt de 14-16.

Figures **19-33**. — *Dispositifs d'amarrage et leurs particularités.*
19-30 et 33. — Amarrage pour l'essai de traction.
31 et 32. — Amarrage pour l'essai de compression.

Figures **34 et 35**. — *Pièces d'appui.*

Traduction du texte inscrit sur les figures de la planche allemande

Figure *4.* — Schnitt EF. — Coupe EF.
Figure *1.* — Vertikalschnitt. — Coupe verticale.
Figure *3.* — Ansicht von hinten. — Vue d'arrière.
Figure *7.* — Schnitt AB. Ansicht des Dosensystems. — Coupe AB, vue du système de boîte.
Figure *8.* — Schnitt GH. — Coupe GH.
Figure *2.* — Horizontalschnitt. Coupe horizontale.
Figure *10.* — Schnitt IK. Coupe IK.
Figure *11.* — Schnitt LM. Ansicht von hinten. — Coupe LM, vue par en dessous.
Figure *9.* — Konstruktion der Dose. — Construction de la boîte.
Figure *19.* — Ansicht von vorne (Kappe fortgelassen). — Vue en avant, le capuchon supposé enlevé.
Figure *20.* — Schnitt. — Coupe.
Figure. *21.* — Ansicht von hinten. — Vue par derrière.
Figure *22.* — Schnitt AB. — Coupe AB.
Figure *23.* — Schnitt CD. — Coupe CD.
Figure *24.* — Schnitt nach Mitte von 9. Coupe vers le milieu de 9.
Figure *31.* Schnitt. — Coupe.
Figure *32.* — Ansicht. — Vue.
Figure *26.* — Schnitt. — Coupe.
Ansicht von vorne in Richtung EF. — Vue d'avant dans la direction EF.
Ansicht von vorne in Richtung GH. — Vue d'avant dans la direction GH.
Figure *27.* — Ansicht von vorne in Richtung GH. — Vue d'avant dans la direction GH.
Figure *29.* — Ansicht von hinten in Richtung EF. — Vue d'arrière dans la direction EF.
Figure *33.* — Ansicht der Fig. 26 von oben. — Vue de la fig. 26 par en dessus.

ÉCHELLES DES FIGURES :

Figures 1-8, 10, 11, 14-17 = 1 : 28.
Figure 18 = 1 : 22,5.
Figures 19-25, 27-30, 34-36 = 1 : 17.
Figures 26 et 33 = 1 : 8,3.
Figures 12 et 13 = 1 : 5,5.

PLANCHE 19

4.
Schnitt
34.
22
3
35.
22
15.
51
51
48
3
4
52
53
4
3
50
50
Ansicht
(Kappe f
17.
21
55
58
49
1
Ansicht v
16.
Ansicht
von vorne
in Richtung G-H
1
G

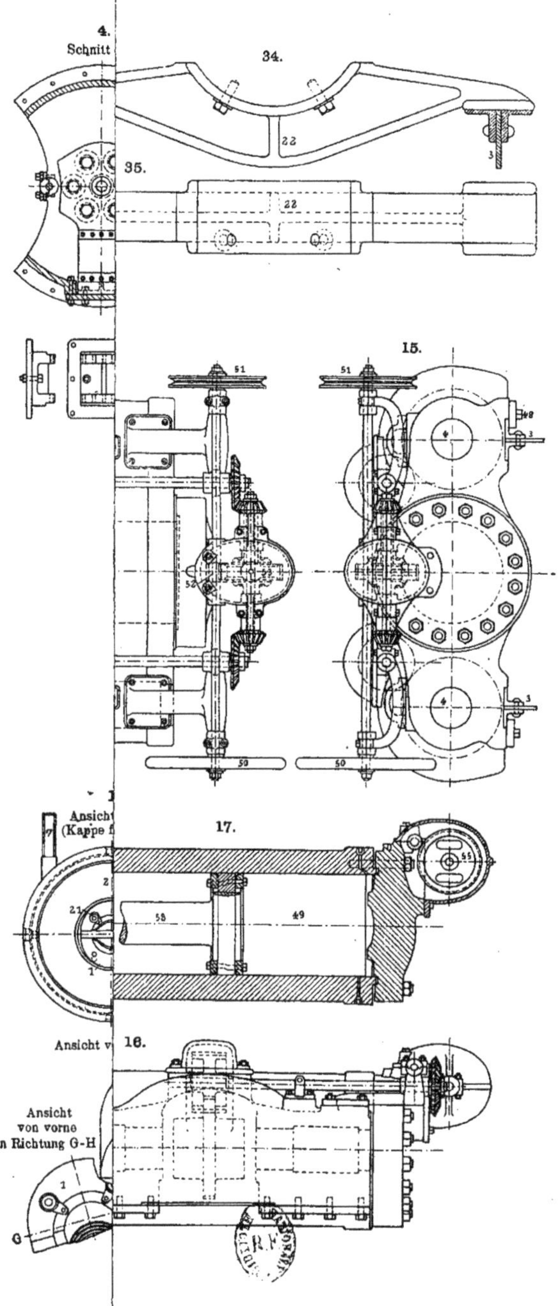

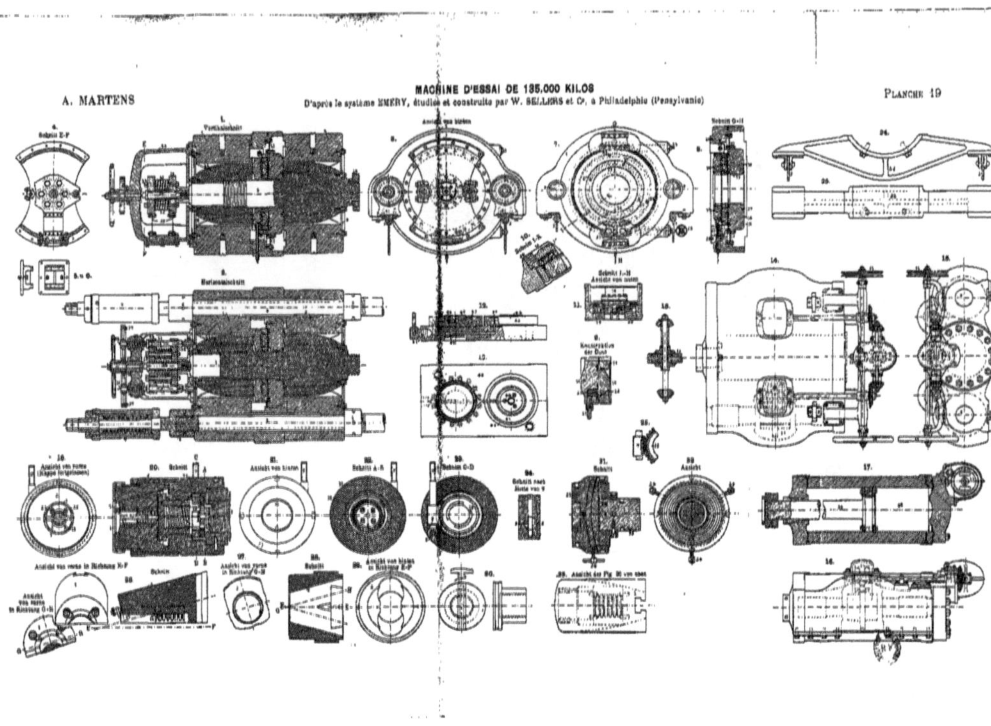
A. MARTENS
MACHINE D'ESSAI DE 135,000 KILOS
D'après le système EMERY, étudiée et construite par W. SELLERS et Cie, à Philadelphie (Pensylvanie)
PLANCHE 19

LÉGENDE DE LA PLANCHE 20

Texte : art. 636-639, 460, 526-528 (L. 51, 1881 page 147)

1 et 2. — *Machines pour traction, compression et flexion,* commande au moteur ; construites :

D'après les figures	*1*	*1*	*2*
Pour des forces	140.000 k.	91.000 k.	91.000 k.
Dimensions des machines en cm	335×122×610		335×122×259
Poids	9.000 k.		4.500 k.
Dimensions des barrettes en cm	l = 15 à 183		l = 20 à 30 cm.

Les machines peuvent travailler avec 8 vitesses d'essai différentes de 0,3 à 18 cm. à la minute.

3. — *Machines pour traction, compression et flexion,* commande au moteur ; construites :

D'après la figure	*3*
Pour des forces	4.500 k.
Encombrement	282×84×183
Poids	2.300 k.

En diverses grandeurs pour les forces de 140.000, 91.000, 68.000, 45 000, 27.000, 23.000, 18.000, 14.000, 9 000 et 4.500 kilos ; avec des vitesses d'essai différentes, de 1,5 à 9,2 cm. par minute.

4 et 5. — *Machines pour essais de traction, compression et flexion,* commande au moteur ; même construction que plus haut, mais avec commande automatique du poids curseur ; construites :

D'après les figures	*4 et 5*
Forces	4.500 k.
Encombrement	282×84×183
Poids	2.300 k.

En diverses grandeurs d'après la figure 4 pour des forces de 91 000, 68.000, 45.000 et 27 000 kilos. D'après la figure 5 pour une force de 4.500 kilos. Avec 6 vitesses d'essais différentes de 0,3 à 20 cm. par minute.

6. — *Machine pour essais de torsion,* commande au moteur. Force = 2.300 kilos. Encombrement = 193 × 91 × 116. Poids 950 kilos.

7 et 8. — *Machines de flexion pour fonte avec indicateur de flèches ;* construites :

D'après les figures	*7*	*8*	*8*
Forces	2.300 k.	1 350 k.	1.100 k.
Encombrement	147×45×111	96×40×94	
Poids	1.902 k.	90 k.	

Les machines sont aussi construites sur d'autres modèles.

9. — *Machines à essayer les chaînes* : Force = 23.000 kilos. Appareil de mesure de l'effort : Encombrement = 198 × 38 × 137 ; Poids = 550 kilos. Commande : Encombrement = 76 × 61 × 76 ; Poids = 360 kilos ; longueurs des chaînes jusqu'à 30 mètres.

10, 12, 17, 19. — *Machines à essayer les ressorts,* commande au moteur et à la main ; construites :

D'après les figures	*17*	*12*	*12*
Forces	36.000 k.	30.000 k.	13.500 k.
Encombrement	336×137×244	380×137×183	335×152×178
Poids	5.000 k.	3.200 k.	2.400 k.
D'après les figures	*19*	*19*	*10*
Forces	11.000 k.	4 500 k.	2.300 k.
Encombrement	300×170×198	320×40×183	152×71×193
Poids		800 k.	250 k.

La machine 19 comprend 2 machines l'une à côté de l'autre ; les machines 12, 17 et 19 sont commandées hydrauliquement.

11. — *Machine pour essais de traction, compression et flexion* ; commande hydraulique mue à la main. Force 23.000 kilos. Encombrement = 313 × 76 × 244. Poids = 1.000 kilos, longueur des éprouvettes de 12 cm. à 51.

13. — *Machine de traction. — Commande à la main,* construite pour une puissance de 9 tonnes. Encombrement = 213 × 76 × 175. Poids = 500 kilos.

14, 15, 16. — *Machines pour essais de tissus* ; construites :

D'après les figures	*14*	*15*	*15*	*16*
Forces	230 k.	230 k.	450 k.	45 k.
Encombrement	51×19×66	20×61×167		63×20×16
Poids	230 k.	45 k.		13 k.

20. — *Machine à essayer le ciment.* Force = 270 kilos. Encombrement = 40 × 37 × 96. Poids = 45 kilos ; est aussi construite avec une balance à poids curseur.

21. — *Machine à essayer le papier.* Force 45 kilos. Encombrement = 30 × 31 × 61. Poids = 20 kilos.

18, 26-31. — *Détails des dispositifs d'enregistrement de différents genres.*

La figure 18 indique le système de leviers pour amplifier les allongements ; les figures 26 et 30 indiquent l'enregistrement de l'effort par le poids curseur, les figures 27-29 en donnent des détails ; la figure 31 indique un enregistreur d'un autre genre.

22-25. — *Dispositifs d'amarrage et (figure 22) forme du barreau pour essais de traction avec la fonte.*

Planche 20

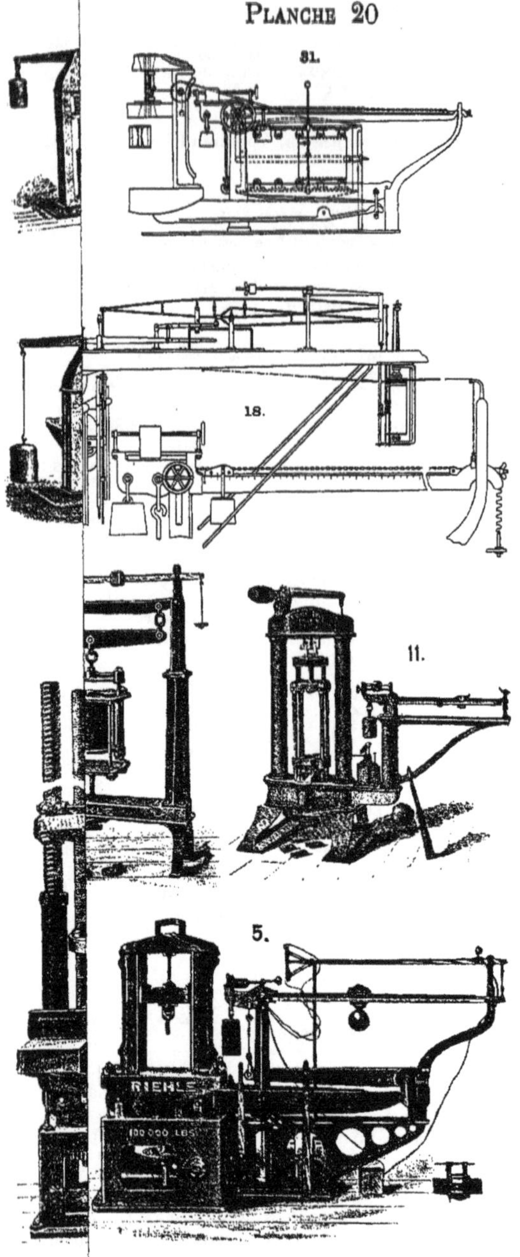

A. MARTENS

MACHINES D'ESSAI

De la Société RIEHLÉ frères et Cie, de Philadelphie (Pensylvanie)

PLANCHE 20

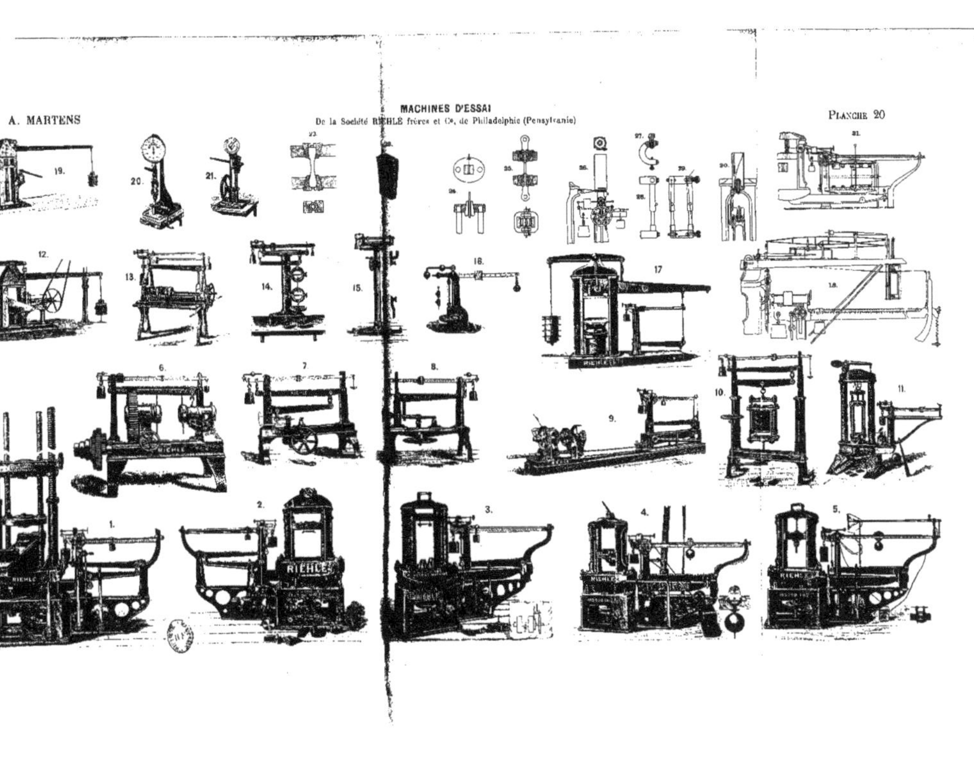

LÉGENDE DE LA PLANCHE 21

Texte : art. 640-643, 486 et 525 (L. 102, 113, 51, 1879, page 36 ; 1883, page 33)

1 et 2. — *Machine de 90.000 kilos de force* ; plans de construction.

3-5. — *Machine d'essai automatique et à enregistrement automatique.*

6-13. — *Pièces de détails de cette machine.*

14 et 15. — *Machines de la même construction pour éprouvettes courtes et longues*; construites :

D'après les figures	*14*	*14*	*15*	*15*
Forces	180.000 k.	140.000 k.	91.000 k.	43.000 k.
Encombrement	306×162×325	345×142×320	267×134×213	236×96×173
Poids	10.500 k.	9.100 k.	4.500 k.	2.200 k.

16-19. — *Machines pour commande à la main et au moteur.* Le n° 16 est disposé pour un changement de charge ; construites :

D'après les figures	*16*	*16*	*17*	*16* et *17*	*18*
Forces	91.000 k.	43.000 k.	27.000 k.	23.000 k.	18.000 k.
Encombrement			213×81×162	198×71×152	142×71×127
Poids			1.140 k.	1.000 k.	450 k.
Longueurs d'éprouvettes	91 à 183	76 à 152		76 à 152	

D'après les figures	*18*	*19*	*19*	*19*
Forces	14.000 k.	19.000 k.	6.800 k.	4.500 k.
Encombrement	132×61×116	122×53×106	106×45×106	91×40×86
Poids	350 k.	320 k.	320 k.	215 k.
Longueurs d'éprouvettes				

Le n° 16 peut être disposé pour traction, compression et flexion, les n°s 18 et 19 de même et sont surtout appropriés comme machines d'études, le n° 19 est très employé dans des fonderies.

20 et 21. — *Machines à essayer les fils, les fers plats, les clous de sabot, les pointes, etc.*, commande à la main et au moteur; construites :

D'après les figures	*20*	*20*	*20*	*21*
Forces	9.100 k.	6.800 k.	4.500 k.	4.500 k.
Encombrement	122×61×183	106×50×167	91×45×152	106×28×101
Poids	320 k.	250 k.	230 k.	115 k.
Longueurs des éprouvettes	91	91	91	

22. — *Machine à essayer le ciment pour traction, compression et flexion* avec commande à la main ou au moteur; la dernière de manière que la charge augmente d'environ 180 kilos; construites :

D'après les figures	*22*	*22*
Forces	910 k.	450 k.
Encombrement	137×40×177	122×40×167
Poids	115 k.	100 k.

23-25. — *Machines à essayer les fibres*; construites :

D'après les figures	*23*	*24*	*25*
Forces	90 k.	45 k.	Machine à essayer les fils.
Encombrement	25×30×84	25×20×68	
Poids	39 k.	32 k.	

26 et 27. — *Machines à essayer les chaînes* ; construites :

D'après les figures	*26*	*26*	*26*	*26*	*27*
Forces	91.000 k.	68.000 k.	43.000 k.	23.000 k.	23.000 k.
Encombrement					52×91×122
Poids	10.900 k.	9.300 k.	4.800 k.	2.300 k.	1.320 k.
Longueur des éprouvettes	3.650	5.501	3.500	3.400	à volonté

28 et 29. — *Machines à essayer les ressorts* ; construites :

D'après les figures	*28*	*28*	*28*
Forces	43.000 k.	36.000 k.	27.000 k.
Encombrement	441×167×228	441×167×213	331×167×197
Poids	5.400 k.	4.300 k	3.300 k.

D'après les figures	*28*	*29*	*29*
Forces	18.000 k.	1.800 k.	1.150 k.
Encombrement	310×167×183	152×75×101	137×61×91
Poids	2.500 k.	230 k.	180 k.

Le n° 28 sert à des essais sous charge lente et répétée. Le n° 29 à des essais de traction et de compression.

30. — *Machines de flexion pour fonte avec indicateur de flèche* : des formes différentes sont construites.

31 et 32. — *Machine pour essais de torsion* ; construite :

D'après les figures	*31*	*31*	*32*
Forces			
Encombrement	671×177×152	610×132×137	548×91×122
Poids	8.200 k.	2.450 k.	680 k.
Longueurs des éprouvettes	$l = 487$ $d = 8,1$	$l = 487$ $d = 5,1$	$l = 4,87$ $d = 3,2$

33. — *Pendule de choc de Chas. H. Heisler pour l'essai de la fonte* : Encombrement = 247 × 71 × 213. Poids = 480 kilos.

ÉCHELLE DES FIGURES :

Figures 1 et 2 = 1 : 53.

Planche 21

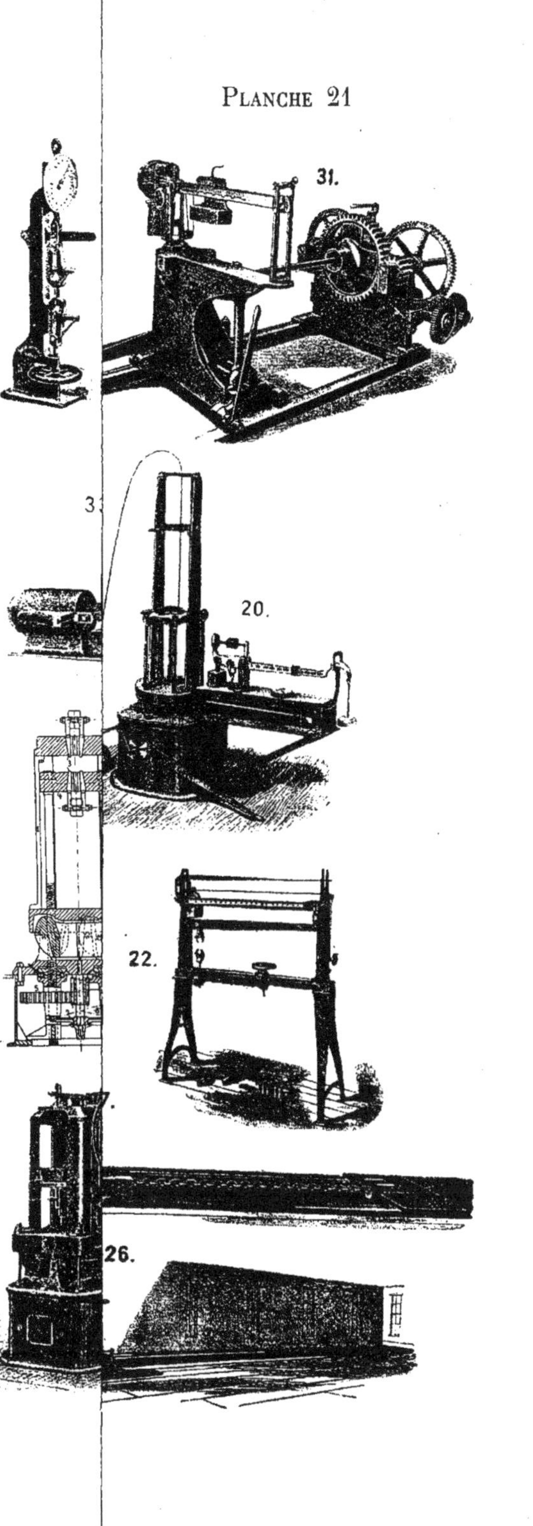

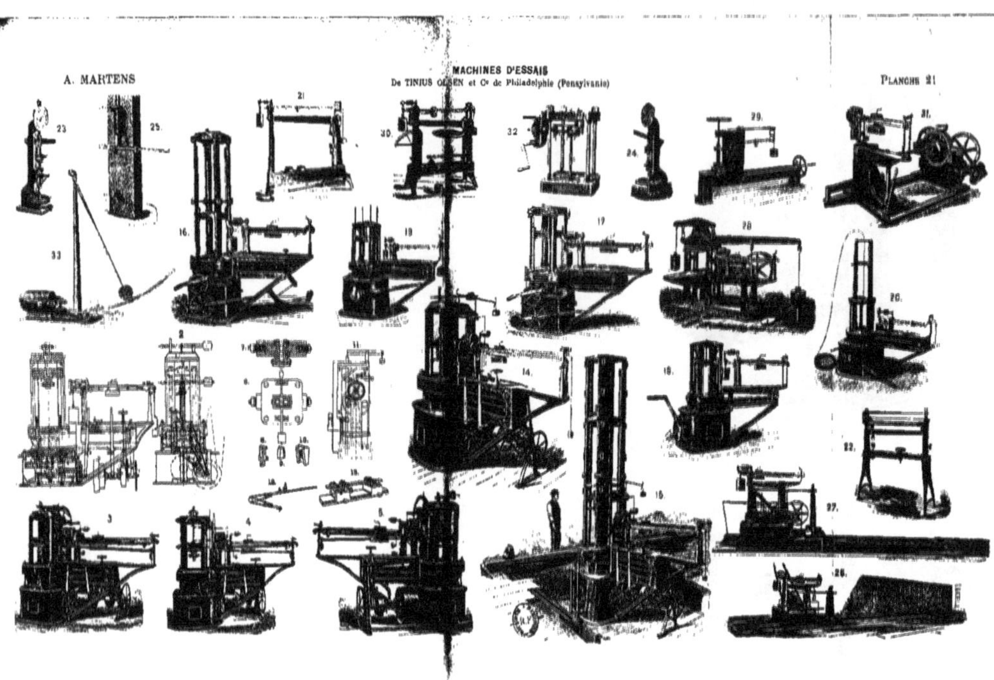
A. MARTENS
MACHINES D'ESSAIS
De TINIUS OLSEN et Cie de Philadelphie (Pensylvanie)
PLANCHE 21

LÉGENDE DE LA PLANCHE 22

Figures **1 et 2**. — *Machine Falcot de 100 tonnes pour essais de traction.*
Ce système de machines est construit par la maison Falcot pour une puissance quelconque et pour une course variable.
1. — Elévation.
2. — Vue en plan.

Figures **3-5**. — *Amarrages de la précédente machine pour barreaux de traction.*

6-9. — *Appareil de réversion pour essais de compression.*

10-12. — *Disposition de quelques profilés dans l'appareil de compression.*

ÉCHELLES DES FIGURES :

Figures 1 et 2 = 1 : 32.
Figures 3 à 5 = 1 : 16.
Figures 6 à 12 = 1 : 32.

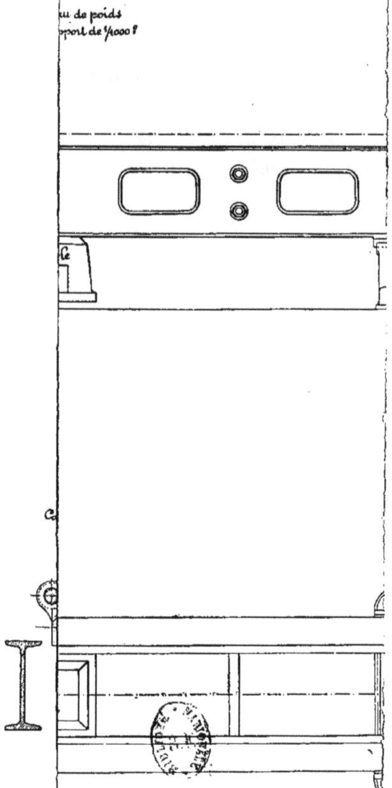

u de poids
pport de 1/1000 e

le

C

MACHINE DE TRACTION DE 100 TONNES

Construite par la Maison FALCOT frères, de Lyon

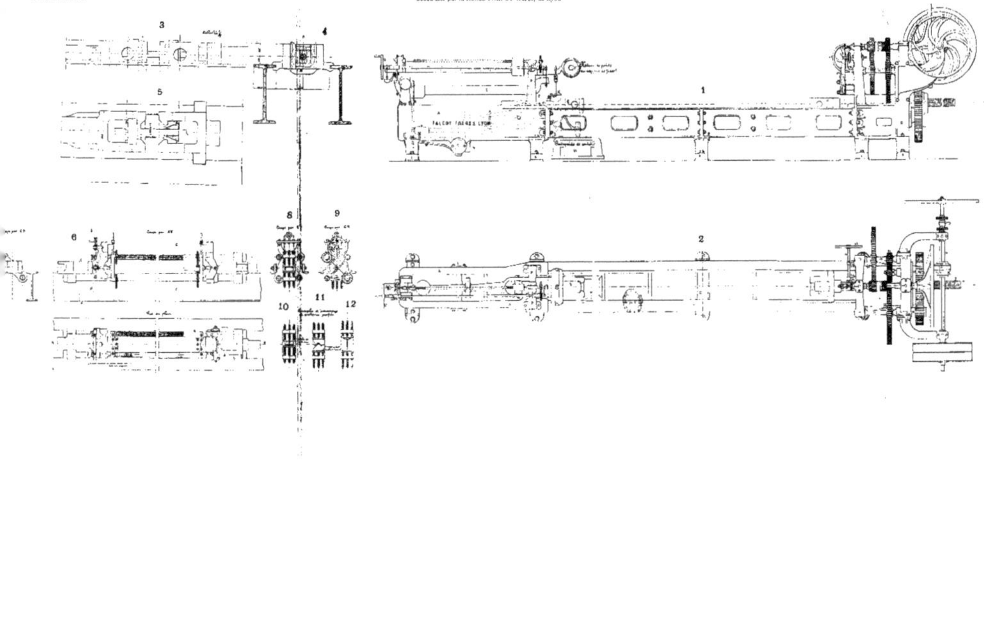

LÉGENDE DE LA PLANCHE 23

Figures 1. — *Machine de traction à vis système Falcot à commande par plateau de friction.*

Cette figure donne la vue générale de la machine à laquelle est consacrée la planche 22.

2. — *Machine de traction de 25 tonnes, munie d'un enregistreur automatique, système Falcot.*

3. — *Machine de traction de 25 tonnes commandée par vis tangente.*

Ce genre de machines peut être contruit pour des puissances et des dimensions d'éprouvettes variées.

4. — *Machine de traction de 5.000 kilos à commande à la main pour essais de fils et de petites éprouvettes métalliques.*

5. — *Machine de traction de 1.500 kilos pour essais de fils.*

6. — *Machine de traction verticale de 15 tonnes, commandée par un moteur électrique.*

Cette machine est munie d'un manomètre à mercure pour la mesure des efforts, en même temps que d'une romaine. — Distance maximum entre mordaches = 500 m/m.

7. — *Machine du genre Michaelis pour l'essai des ciments.*

8. — *Mouton de choc de 12 kilos pour l'essai de barreaux placés sur 2 appuis.*

Hauteur maximum de chute = 2 mètres.

AIS
T frèr

2

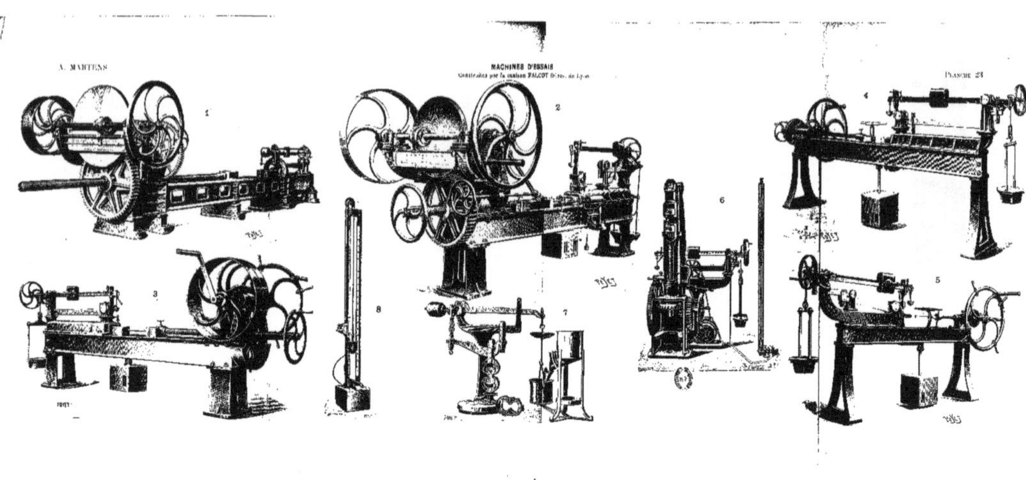
A. MARTENS
MACHINES D'ESSAIS
PLANCHE 23

LÉGENDE DE LA PLANCHE 24

Figures **1-4**. — *Machine de 100 tonnes Falcot frères pour essais de flexion.*

La machine peut également être agencée pour des essais de traction et de compression.

1. — Vue de face.
2. — Vue longitudinale.
3. — Vue d'arrière.
4. — Vue en plan.

La longueur des pièces qu'on peut essayer à la flexion est de 1 m. entre appuis. — Course du piston = 200 mm.

Figures **5 et 6**. — *Amarrages de la précédente machine pour barreaux de traction,*

7 et 8. — *Dispositif de la précédente machine pour essais de compression.*

9 et 10. — *Machine de torsion avec appareil enregistreur.*

11-13. — *Machine à essayer les ressorts à la compression ou à la flexion.*

La maison Falcot construit ces machines pour des puissances de 15 et 20 tonnes et pour des longueurs de ressorts jusqu'à 2 m. 50.

ÉCHELLES DES FIGURES :

Figures 1 à 8 et 11 à 13 = 1 : 35.
Figures 9 et 10 = 1 : 17,5.

NES D'ESSAIS

aison FALCOT frères, de Lyon

PLANCHE 24

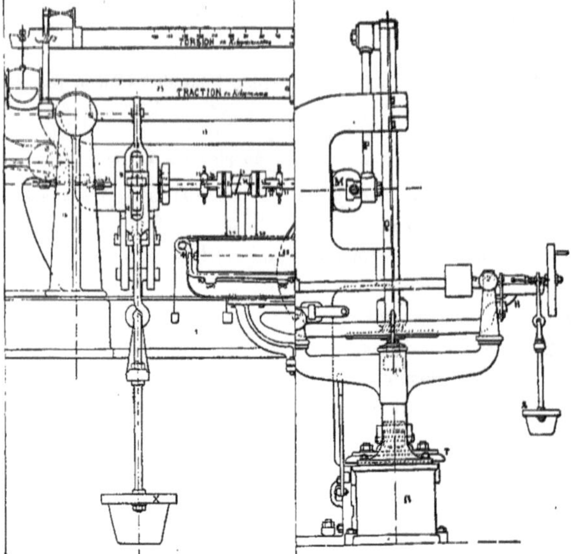

TORSION

TRACTION

10

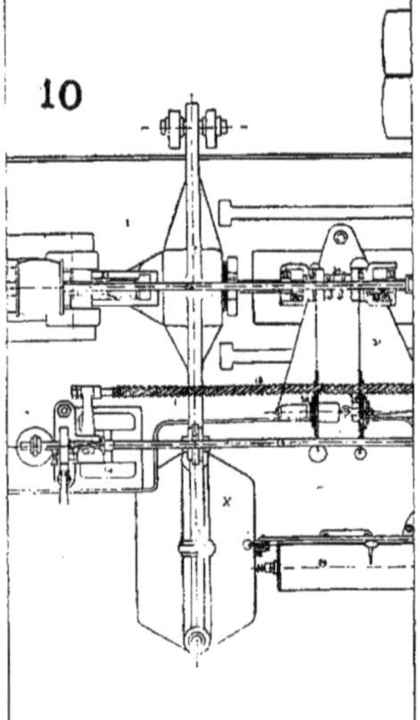

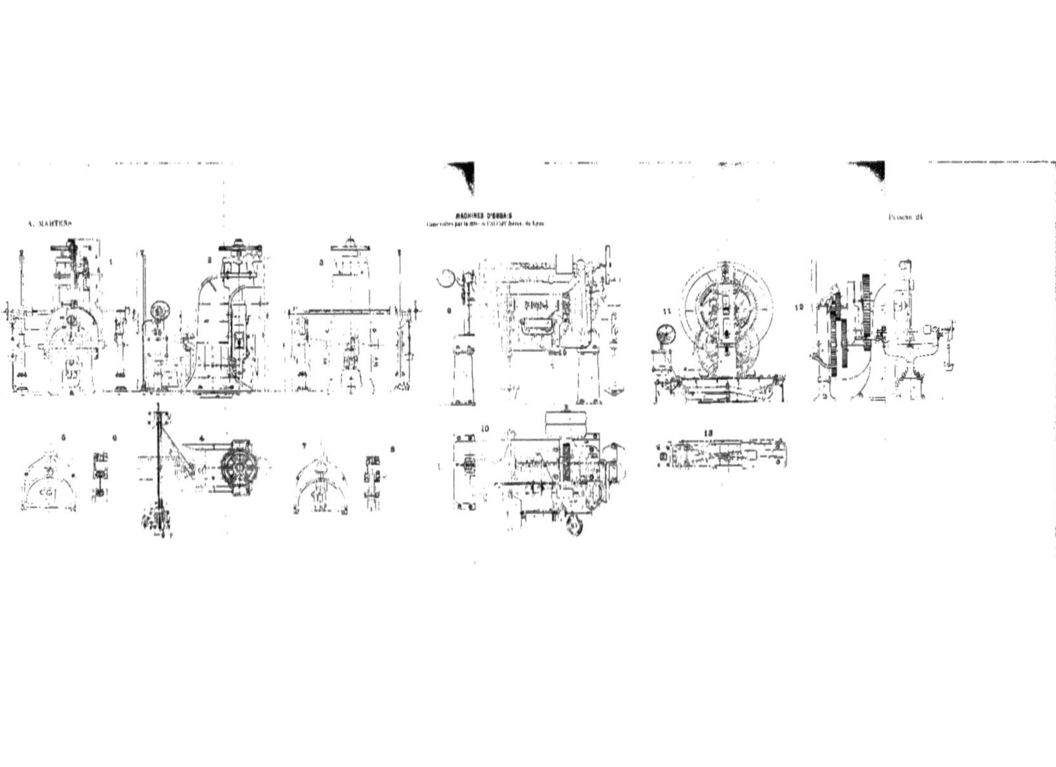
A. MARTENS
MACHINES D'ESSAIS
Planche 24
1
2
3
4
5
6
7
8
9
10
11
12
13

LÉGENDE DE LA PLANCHE 25

Figures **1**. — *Vue d'ensemble de la machine de 100 tonnes représentée dans les figures 1 à 4 de la planche 24.*

2. — *Machine de 25 tonnes pour l'essai à l'arrachement et à l'écrasement de rails encastrés dans du béton.*

Cette machine spéciale est capable d'effectuer également des essais ordinaires de traction.

3. — *Machine de 4.000 kilos permettant d'effectuer des essais ordinaires de traction sur des fils, des cordages, etc., et des essais de tractions ou compressions réitérées sur des petits ressorts, des bandes de caoutchouc, etc.*

Cette machine a été construite par la maison Falcot sur les conseils du traducteur de cet ouvrage. Course de la vis au moyen des engrenages = 1 mètre 40 ; excentricité = 1 mètre 40.

4. — *Appareil Monge pour l'essai de barreaux de fonte à la flexion.* — Pour barreaux de 40 mm. × 40 mm.

5. — *Tambours d'amarrages pour l'essai de câbles plats.*

Pour câbles de 500 mm. de largeur.

6. — *Poulies creuses pour amarrages des cordages ou câbles ronds à la traction.*

7. — *Appareil enregistreur automatique pour machine de traction.*

8. — *Appareillage destiné aux essais de traction de barreaux métalliques à haute température.*

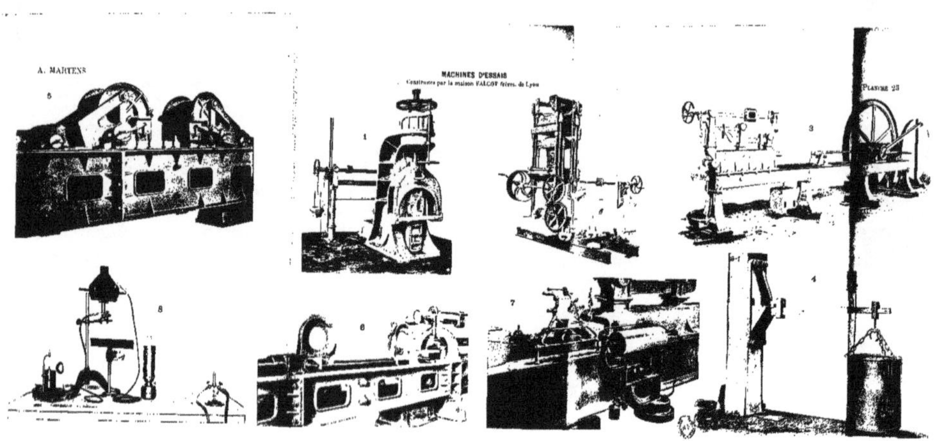
A. MARTENS
MACHINES D'ESSAIS
Construites par la maison FALCOT frères, de Lyon
PLANCHE 23
1
3
4
5
6
7
8

LÉGENDE DE LA PLANCHE 26

Figure **1**. — *Machine Trayvou de 100 tonnes pour essais de traction.*
Cette machine est à commande hydraulique et peut être construite pour des dimensions d'éprouvettes quelconques.

Figures **2** et **3**. — *Machine Trayvou de 50 tonnes pour essais de traction.*
Cette machine a une commande par vis. — La maison construit sur ce type des machines de 15, 25 et 50 tonnes.
1. — Elévation.
2. — Vue par bout.

Figures **4** et **5**. — *Machine Trayvou verticale de 25 tonnes pour essais de traction.*
L'appareil de mesure de cette machine est une balance pendulaire du type de la maison Trayvou.
Ce genre de machines, destiné à l'essai des métaux, est construit pour 10, 15, 25, 40 et 50 tonnes.
4. — Vue de face.
5. — Vue de côté.

Figures **6** et **7**. — *Machine Trayvou verticale de 40 tonnes pour essais de traction.*
Ce genre de machines est construit pour 10, 15, 25, 40 et 50 tonnes.
6. — Vue de face.
7. — Vue de côté.

Figures **8** et **9**. — *Machine Trayvou à cadran pendulaire pour traction de fils.* Force = 2 tonnes.

10 et **11**. — *Machine Trayvou à romaine pour traction de fils.* Force = 5 tonnes.

12. — *Appareil Monge pour essais de flexion sur barreaux de fonte.*

13. — *Mouton de choc pour barreaux de fonte.*

14. — *Machine de traction pour ficelles, commande par treuil.* Force = 50 kilos.

15. — *Appareil de reversion destiné à l'exécution d'essais de compression dans les machines de traction précédentes.*

16 et **17**. — *Appareil de flexion qui se monte dans les machines de traction précédentes.*

18 et **19**. — *Poulies d'amarrage pour cordages ronds et plats.*

20. — *Mâchoire pour l'essai des chaînes à la traction.*

21-24. — *Appareil à cadran divisé pour la mesure des déformations des éprouvettes.*

ÉCHELLES DES FIGURES :

Figures 1 à 14 = 1 : 60.
Figures 15 à 23 = 1 : 14.

PLANCHE 26

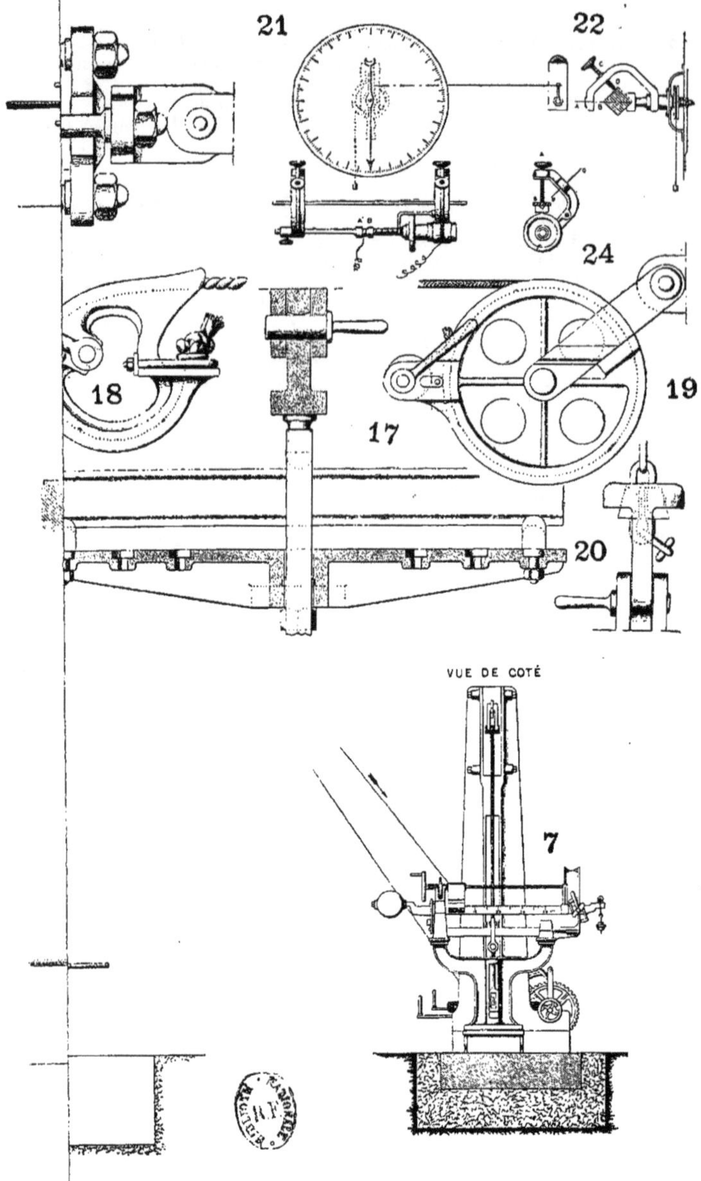

MACHINES D'ESSAIS

Construites par la maison B. TRAYVOU, de Lyon

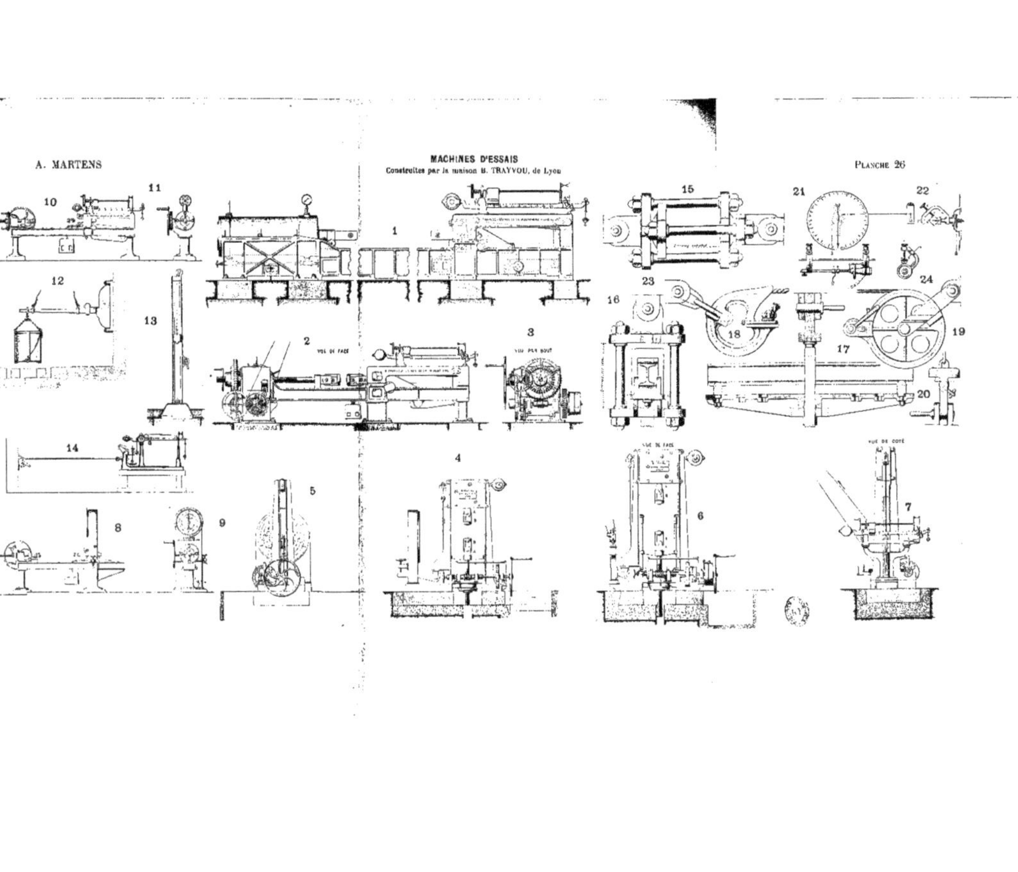

LÉGENDE DE LA PLANCHE 27

Figures **1**. — *Cisaille poinçonneuse plieuse système Frémont*, avec son enregistreur.

2. — *Machine de traction horizontale de 25 tonnes système Frémont*.

3. — *Poinçonneuse Frémont de 100 tonnes avec son enregistreur*.

4. — *Appareil à diviser les éprouvettes, système Frémont*.

5. — *Dynamomètre à ressort Delaloe*, pour essais de draps, tissus, papiers, fils. Force 100 à 500 kilos.

6. — *Machine verticale Delaloe*, pour essais de traction. Force 10 tonnes.

7. — *Machine horizontale Delaloe*, pour essais de traction.

Ce genre de machine peut être construit pour 10, 20, 25, 50 et 100 tonnes.

8 et **9**. — *Petit servo-moteur électrique Delaloe*, commandant le poids curseur du fléau des balances.

10. — *Schéma du montage des circuits du servo-moteur précédent*.

A. MARTENS

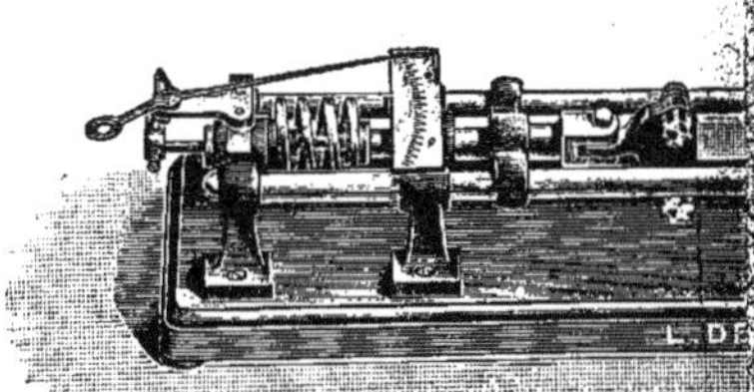

1

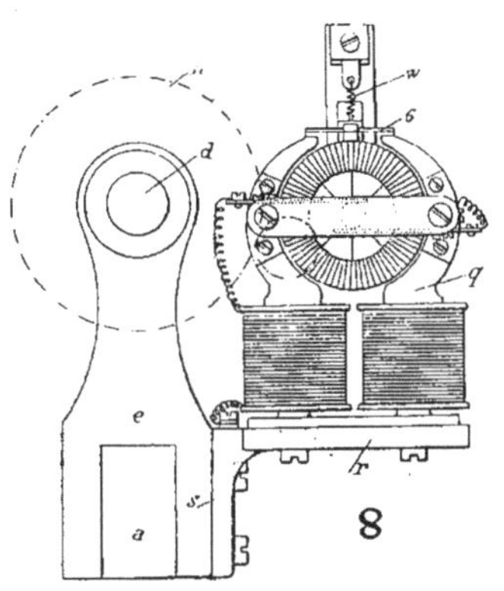

8

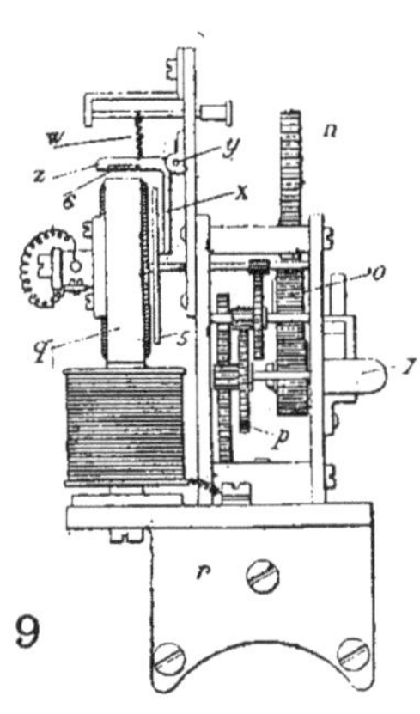

9

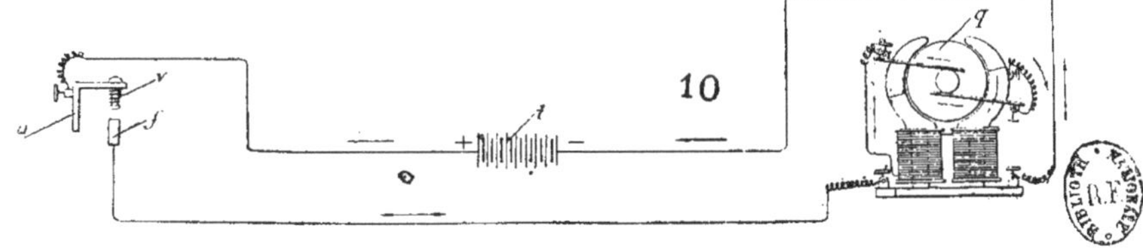

10

LÉGENDE DE LA PLANCHE 28

Figures **1**. — *Dynamomètre genre Chévefy, construit par Olivier à Paris.* Force 1.000 kilos.

Cet appareil porte entre ses mordaches le dispositif utilisé par M. Persoz pour le trouage des tissus (voir fig. 4).

2 et **3**. — *Dynamomètre Chévefy*, construit par Rondet et Schor à Paris et par M. Chauvin à Paris.

4. — *Appareil Persoz pour l'essai des tissus et des tôles minces au perçage.*

5. — *Machine verticale de traction construite et utilisée par les Aciéries de la marine à Saint-Chamond.*

6. — *Machine de Desgoffes, Olivier, Curioni.*

7. — *Machine de E. Petit,* avec appareil de mesure à flotteur.

8. — *Machine Maillard.* Force 25 tonnes.

9. — *Machine Chauvin pour essais de traction et de compression sur éprouvettes de ciment.*

10. — *Ancienne machine du Creusot.*

11. — *Machine de traction Thomasset.*

Cette machine a été construite par son inventeur pour 25 et 50 tonnes.

12-14. — *Machine de Thomasset pour les essais de torsion.*

15 et **16**. — *Machine Chauvin, Marin Darbel.*

Cette machine est construite pour 2, 5, 10, 15, 20, 30, 60 et 100 tonnes.

17-19. — *Dynamomètre hydraulique de la Cie P. L. M.* Force 80 tonnes.

Cet appareil a été construit dans le but de mesurer les efforts nécessaires pour le calage des essieux dans leurs centres.

20-23. — *Dynamomètre hydraulique de la Cie P. L. M.* Force 20 tonnes, pour le tarage des machines de traction.

Planche 28

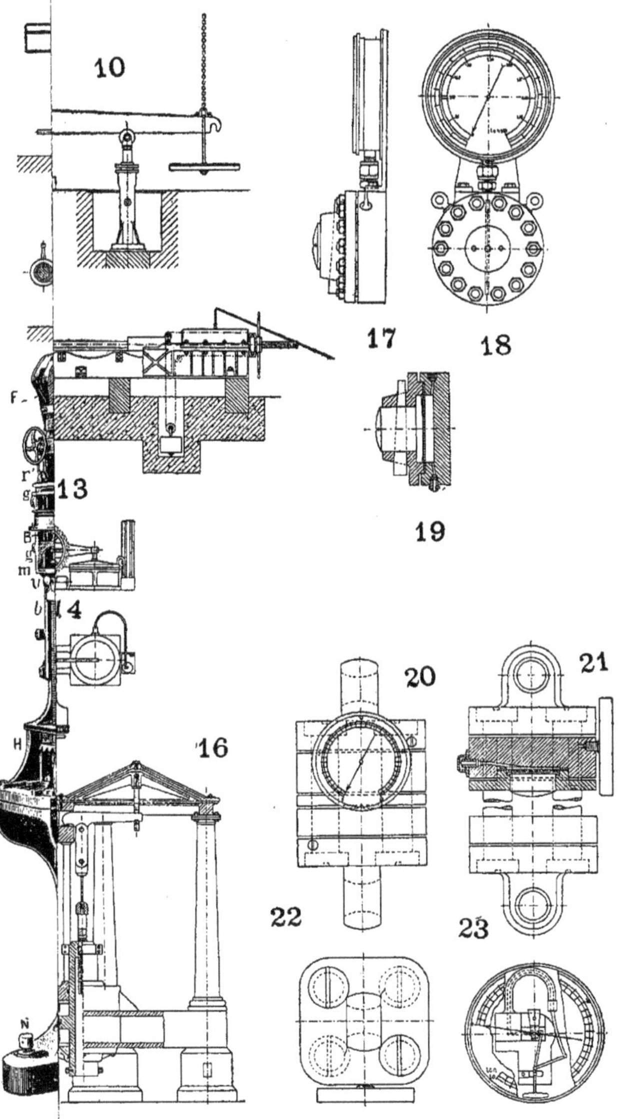

MACHINES FRANÇAISES DIVERSES

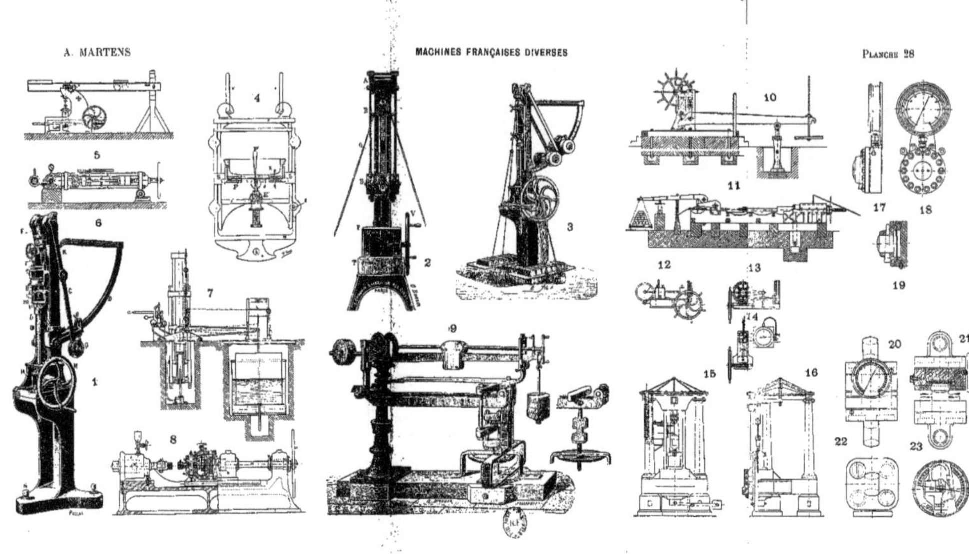

LÉGENDE DE LA PLANCHE 29

Vue perspective de la machine à essayer par flexion et par compression de la Cie P. L. M.

La machine a une force de 200 tonnes.

Machine verticale de traction de 100 tonnes de la Cie P. L. M.

Machine horizontale de traction de la Cie P. L. M., destinée à l'essai des chaînes ou des longues éprouvettes.

Mouton de choc par traction de la Cie P. L. M. Poids du mouton = 10 kilos, hauteur de chute maximum = 1 m.

---

ire

M

S. Guicha

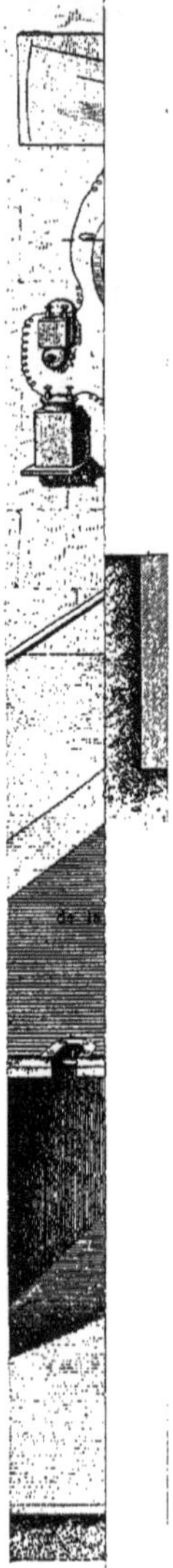

Machines construites par la Compagnie Paris-Lyon-Méditerranée pour son Laboratoire d'essais

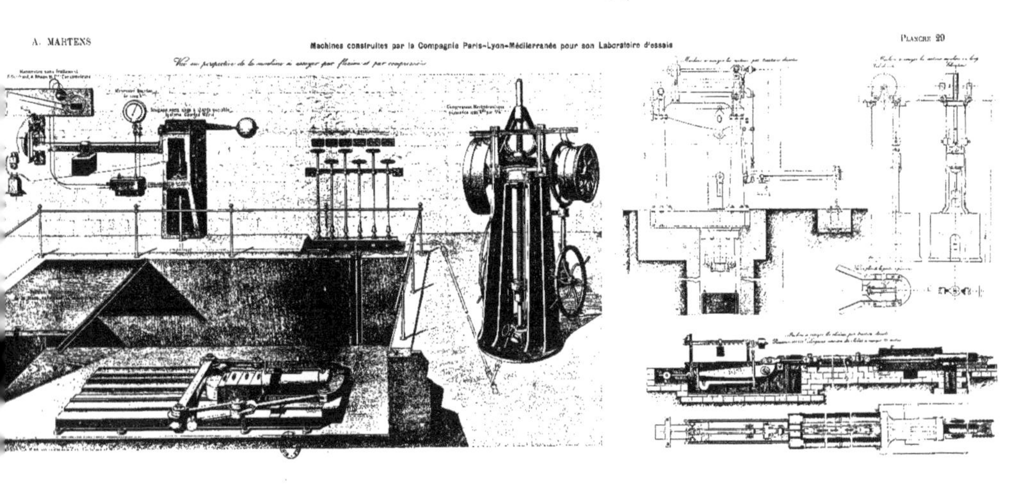

LÉGENDE DE LA PLANCHE 30

Figures **1** et **2**. — *Pompe horizontale hydraulique à 3 pistons donnant 1.500 litres à l'heure à la pression maximum de 125 kilos par cm².*

Figures **3-5**. — *Distributeurs à 4 voies*, permettant l'alimentation de deux machines d'essai.

3. — Coupe verticale par l'axe des deux robinets d'amenée de l'eau à haute pression et d'évacuation de cette eau.

4. — Coupe par l'un des robinets desservant une des machines.

5. — Vue en plan du distributeur.

Figures **6-9**. — *Boîte de sûreté de l'accumulateur hydraulique.*

6. — Coupe verticale par la soupape de sûreté chargée d'un contrepoids.

7. — Tige destinée à retarder une descente trop rapide de l'accumulateur.

8. — Coupe verticale à travers la boîte de sûreté.

9. — Vue en plan.

Figures **10**. — *Accumulateur à poids variables.*

11. — *Schéma du servo-moteur hydro-électrique de commande de la pompe*

ECHELLES DES FIGURES :

Figures 1 et 2 = 1 : 20.
Figures 3, 4, 5, 6, 7, 8, 9 = 1 : 8.
Figure 10 = 1 : 40.

Po

A. MARTENS

PLANCHE 30

J. CLEMANC

2

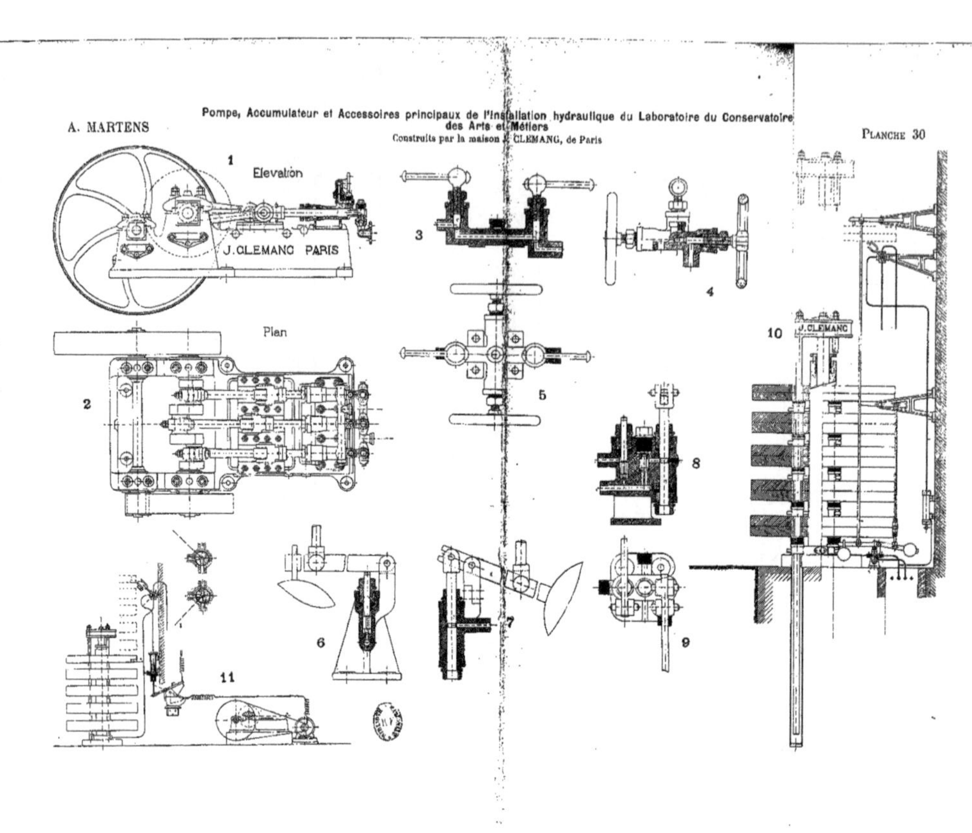
A. MARTENS
Pompe, Accumulateur et Accessoires principaux de l'Installation hydraulique du Laboratoire du Conservatoire des Arts et Métiers
Construits par la maison J. CLEMANG, de Paris
PLANCHE 30
1
Elevation
J. CLEMANG PARIS
Plan
2
3
4
5
6
7
8
9
10
J. CLEMANG
11

LEGENDE DE LA PLANCHE 31

Figure 1. — *Grand mouton pendule système Charpy.* Poids du mouton = 50 kilos, levée maximum = 4 m.

a. — Elévation du mouton.
b. — Vue par bout.
c. — Vue en plan.
d. — Poids pour essais de flexion sur deux appuis ; le poids vient toucher le barreau, élévation.
e. — Vue en plan du pécédent.
f. — Vue du poids par derrière.
g. — Poids pour flexion de barreau encastré, élévation.
h. — Vue de ce poids par derrière.
i. — Vue en plan du poids précédent.

Figures 2. — *Vue d'ensemble photographique du mouton-pendule Charpy.*

3. — *Vue d'ensemble d'un petit mouton Charpy* de 25 kilos.

Figures 4-7. — *Mouton Ast,* pour choc par traction.

4. — Elévation. } entre ces deux vues se trouve la
5. — Vue de côté. } vue en plan du mouton.
6. — Elévation du dispositif de poids tracteurs.
7. — Vue de côté des poids tracteurs.

Figures 8. — *Mouton Frémont* (vue d'ensemble de la chabotte et du mouton).

9. — *Photographies du compas amplificateur et des barreaux employés dans l'essai au choc préconisé par M. Frémont.*

10. — *Photographies de barrettes incisées par la méthode Frémont, prélevées dans un rail et rompues avec le même mouton.*

Figures 11-19. — *Mouton et outil employés par M. Vanderheym, pour ses essais de choc sur barreaux entaillés.*

11, 12. — Vue de face et de côté des incisions obtenues au tour.
13-16. — Outil servant aux incisions.
17-19. — Coupe verticale, vue d'arrière et vue en plan du poids et du barreau monté dans sa pièce d'encastrement.

Figures 20-24. — *Pièces principales du mouton Barba-Leblant.*

20. — Pince d'enlevage du poids.
21. — Vue de côté de la chabotte et de la pièce d'encastrement des barreaux.
22. — Elévation de la pièce d'encastrement, de la chabotte, du mouton et des ressorts de rebondissement.
23. — Vue en plan du poids monté dans les guides.
24. — Vue en plan de la pièce d'encastrement, de la chabotte, du mouton et des ressorts de rebondissement.

Figures 25-27. — *Mouton rotatif système Guillery.*

25. — Vue d'arrière.
26. — Elévation.
27. — Vue en plan.

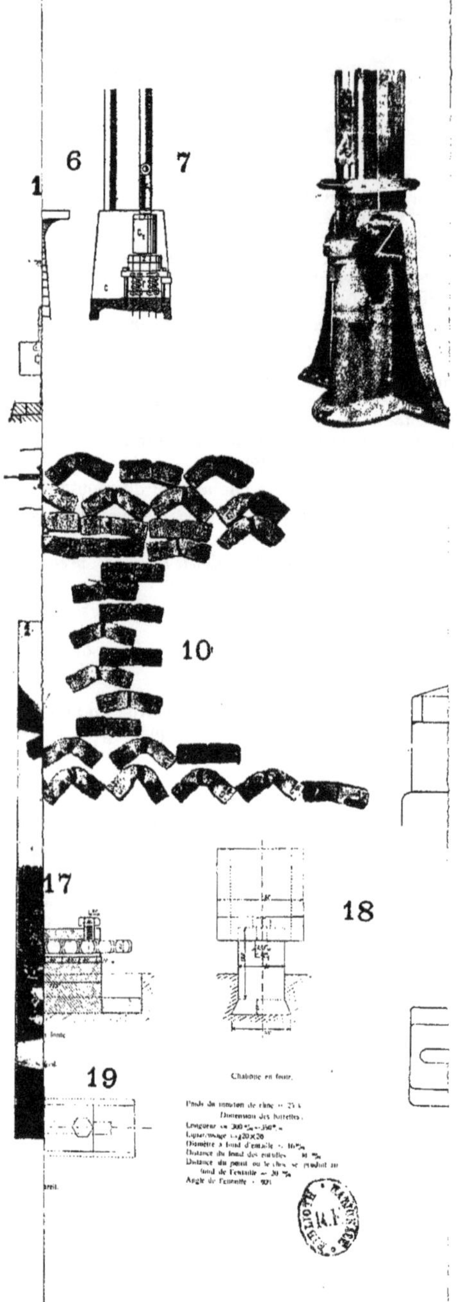
1
6
7
10
17
18
19
Chabotte en fonte.
Dimension des barrettes.

Moutons de choc divers pour essais de barreaux entaillés

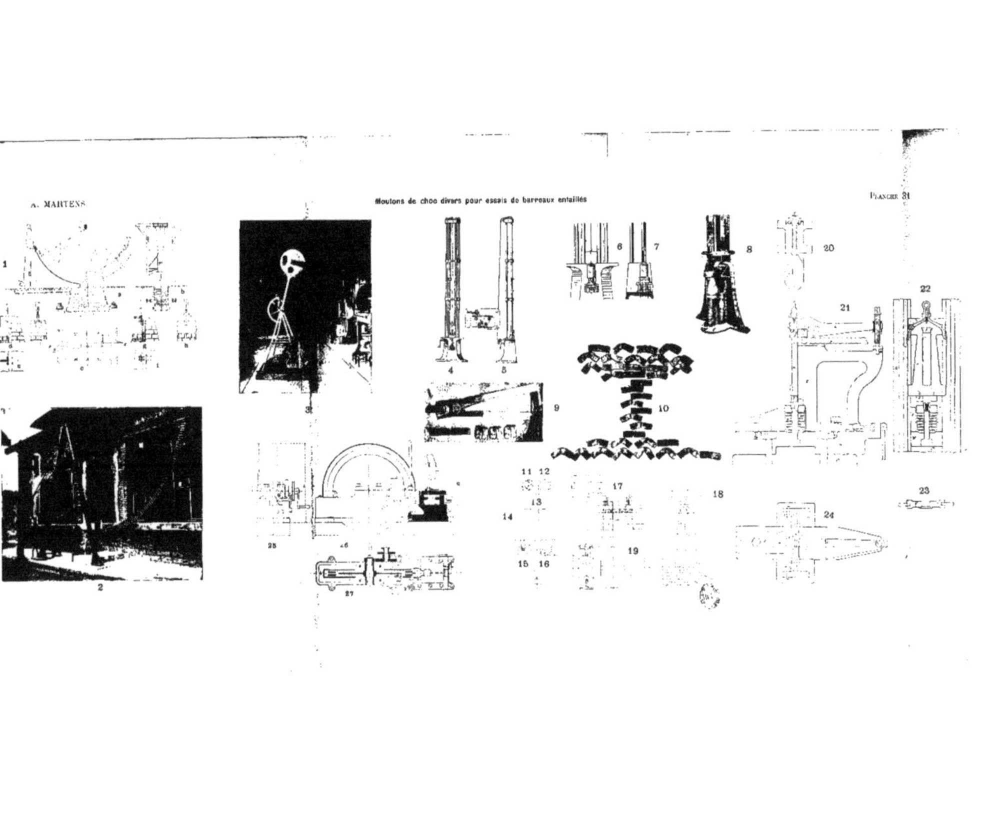

Stabilité des constructions et Résistance des matériaux, par M. A. Flamant, inspecteur général ; 670 pages avec 270 figures . . . . 25 fr.
Cours d'Hydraulique (prix Montyon de mécanique) ; xxx-687 pages avec 130 figures, par le même . . . . 25 fr.
Cours de physique, par M. Gariel, inspecteur général ; 2 vol., 448 figures. . . 20 fr.
Navigation intérieure, par M. de Mas, inspecteur général : Cours divisé en trois ouvrages : **1**. *Rivières à courant libre*, xvi-480 pages avec 49 figures et 48 planches ; **2**. *Rivières canalisées*, x-505 pages avec 91 figures et 85 planches ; **3**. *Canaux* (sous presse). Chaque ouvrage . . . . 17 fr. 50
Cours de géométrie descriptive et de géométrie infinitésimale, par M. d'Ocagne, un volume avec 340 figures . . . . 12 fr.
Cours d'économie politique, par M. Colson, ingénieur en chef, conseiller d'Etat. Trois volumes à . . . . 10 fr.
Cours de machines à vapeur et locomotives, par M. Hirsch, 510 p. avec 314 fig. . 18 fr.
Travaux maritimes, par M. F. Laroche, 1 volume de 490 pages avec 116 figures et un atlas de 46 grandes planches in-4° double. . . . . 40 fr.
Ports maritimes, par le même, 2 vol. de 1006 pages, avec 524 figures et 2 atlas de 37 grandes planches (1). . . . . 50 fr.

COURS PROFESSÉS A L'ÉCOLE SUPÉRIEURE DES MINES

Cours de législation des mines, par M. Aguillon, inspecteur général : 1° Législation en France et dans ses colonies et protectorats, un volume grand in-8° de 1011 pages (étude des plus complètes), 2e édition . . . . 25 fr.
2° Législations étrangères. . . . . 15 fr.
Lois générales de la chimie, par M. Chesneau. . . . . 7 fr. 50
Cours de chemins de fer de l'Ecole des mines, par MM. Vicaire, inspecteur général, et Maison ; 582 pages avec 493 figures. . . . . 20 fr.

COURS PROFESSÉS A L'ÉCOLE CENTRALE

Mécanique générale, par M. Flamant, inspecteur général des ponts et chaussées ; 554 pages avec 203 figures . . . . 20 fr.
MM. Denfer et Deharme (voir ci-dessus).
Cours d'exploitation des mines, par M. Dorion, 602 pages avec 1100 figures . . 25 fr.
Cours d'électricité industrielle, par M. Monnier (2e édition) ; 826 p. avec 404 fig., chez Bernard . . . . 25 fr.
Droit industriel, par M. Michel Pelletier, avocat. . . . . 15 fr.
Cours de coupe des pierres, par MM. Rouché (de l'Institut) et Brisse, anciens professeurs de ce cours à l'Ecole Centrale, un vol. avec un grand atlas . . . . . . 25 fr.
Cours de géométrie descriptive de l'Ecole Centrale, par MM. Brisse et Picquet. 17 fr. 50

STATIQUE GRAPHIQUE

Éléments de Statique graphique, par M. E. Rouché, membre de l'Institut ; 284 pages avec 107 figures. . . . . 12 fr. 50
Application de la Statique graphique, par M. Maurice Kœchlin, administrateur de la Société de Construction de Levallois-Perret : 825 pages avec 314 figures et un grand atlas in-4° de 34 planches. . . . . 30 fr.

AUTEURS DIVERS

Traité pratique des chemins vicinaux (volume de près de 800 pages, généralement adopté par les administrations intéressées), par M. Henry, inspecteur général . . 20 fr.
Ponts métalliques à travées indépendantes : Formules, barèmes et tableaux, 639 pages avec 267 figures, par le même . . . . 20 fr.
Théorie et pratique du mouvement des terres, d'après le procédé Bruckner, par le même 2 f. 50
Traité des essais des matériaux, par M. A. Martens, traduction de M. P. Breuil, un vol. de texte avec 560 figures, et un atlas de 31 grandes planches . . . . . 50 fr.
Terrassements, tunnels, dragages et dérochements, par M. E. Pontzen, 572 pages avec 234 figures (médaille d'or à l'exposition de 1900) . . . . 25 fr.
Hydraulique fluviale, par M. Lechalas père, un vol. avec 78 figures . . . . 17 fr. 50
Notices biographiques, par M. H. Tarbé . . . . 5 fr.
Restauration des montagnes, par M. Thiéry, professeur à l'Ecole de Nancy, avec une introduction par M. Lechalas ; volume de 442 pages avec 173 figures. . . . . 15 fr.
Traité des Industries céramiques, par M. Bourry, ingénieur des arts et manufactures (cet ouvrage, devenu classique en France, a été traduit en anglais) ; 775 pages avec 349 figures et une planche. . . . . 20 fr.

(1) Les trois atlas de M. Laroche sont composés de planches très belles, tirées sur pierre.

Chemins de fer : Exploitation technique, par MM. Schœller et Fleurquin, 408 pages avec 109 figures. . . . . 12 fr.
Navires de guerre. Construction pratique, par M. Croneau, ingénieur de la marine, 2 vol. et un atlas. . . . . 33 fr.
Verre et Verrerie, par MM. Appert et Henrivaux, un vol. et un atlas. . . . . 20 fr.
Blanchiment et apprêts ; Teinture et impression ; Matières colorantes ; 674 pages avec 368 figures et échantillons de tissus imprimés, par MM. Guignet, Dommer et Grandmougin (de Mulhouse) . . . . 30 fr.
Éléments et organes des machines, par M. Gouilly ; 410 pages avec 710 figures. 12 fr.
Les associations ouvrières et les associations patronales, par M. Hubert-Valleroux (prix de 12.000 fr. du comte de Chambrun), 361 pages . . . . 10 fr.
Traité pratique des chemins de fer d'intérêt local et des tramways, par M. P. Guédon . . . . 15 fr.
Le Vin et l'Eau-de-vie de vin, par M. H. de Lapparent, 345 pages avec 110 figures et 28 cartes . . . . 12 fr.
Chimie organique appliquée, par M. A. Joannis, 2 volumes grand in-8° ; 1406 pages avec figures . . . . 35 fr.
Traité des machines à vapeur, à gaz, à pétrole et à air chaud, par Alheilig et Roche, ingénieurs de la marine, 2 vol., 693 figures. . . . . 38 fr.
Machines frigorifiques, traduction de l'allemand de Lorenz, par MM. Petit et Jacquet, 131 figures. . . . . 7 fr.
Industries du sulfate d'aluminium, des aluns et des sulfates de fer, par M. Geschwind (traduit en anglais) ; 195 figures. . . . . 10 fr.
Accidents du travail et assurances contre les accidents, par M. G. Féolde, 646 pages (méd. d'argent à l'exp. de 1900) . . . . 7 fr. 50
Traité des fours à gaz à chaleur régénérée, traduit de l'allemand de Toldt par M. Dommer ; 392 pages avec 68 figures . . . . 11 fr.
Résistance des matériaux et Éléments de la théorie mathématique de l'élasticité, par M. Aug. Föppl, traduit de l'allemand par M. E. Hahn . . . . 15 fr.
Industries photographiques, par M. C. Fabre, docteur ès sciences, auteur du *Traité encyclopédique de photographie* ; 602 pages avec 183 figures . . . . 18 fr.
Droit administratif, par M. G. Lechalas, ingénieur en chef : 3 volumes à 20 fr., 10 fr. et. . . . . 10 fr.
Hydraulique agricole, par C. de Cossigny; un vol. avec 160 figures . . . . 15 fr.
Hygiène générale et Hygiène industrielle, par M. le docteur Duchesne, 740 pages avec figures . . . . 15 fr.
La Seine maritime et son estuaire, par M. Lavoinne . . . . 10 fr.
Chemins de fer à crémaillère, par M. Lévy-Lambert . . . . épuisé.
Chemins de fer funiculaires. Transports aériens, par le même, 150 figures. . . 15 fr.
Réglementation des chemins de fer d'intérêt local, des tramways et des automobiles (1900), par M. Doniol, inspecteur général . . . . 10 fr.
Complément de l'ouvrage précédent, par le même (1903) . . . . 3 fr.

P. C. N.

Chimie élémentaire, un vol. relié, par M. A. Joannis, professeur à la Faculté des Sciences de Paris (P.C.N.) . . . . 10 fr.
Physique élémentaire, par MM. Chevassus et Thovert, préparateurs à la Faculté des sciences de Lyon. Fascicules brochés :
Premier fascicule. — Mécanique et propriétés générales de la matière. Acoustique. 2 fr.
Deuxième fascicule. — Chaleur. Optique . . . . 3 fr.
Troisième fascicule. — Magnétisme, Electricité. — Météorologie . . . . . . 3 fr.
Sciences naturelles, par MM. Faucheron et Conte, préparateurs à la Faculté des sciences de Lyon. Fascicules brochés :
Botanique, trois fascicules à 2 fr. et 3 fr. . . . . 7 fr.
Zoologie, un volume . . . . 4 fr.

Ces ouvrages sont également destinés à la préparation aux grades de l'enseignement secondaire et aux élèves des Ecoles de commerce, d'agriculture et d'industrie ; lorsque certains passages ne sont destinés qu'à P. C. N., on les signale par l'emploi de plus petits caractères.

LAVAL. — IMPRIMERIE PARISIENNE L. BARNÉOUD & Cie.

www.ingramcontent.com/pod-product-compliance
Ingram Content Group UK Ltd.
Pitfield, Milton Keynes, MK11 3LW, UK
UKHW021153260726
13994UKWH00001B/437

9 782329 392080